通常の学級でやさしい学び支援

読み書きが苦手な子どもへの〈作文〉支援ワーク

竹田契一 監修　　村井敏宏 著

◇イメージしたことを文章化する**「作文」は読み書きの集大成！**

◇何をどう書いていけばよいかを学べる**ワークプリント**

◇**イメージ化と言語化を支援**するアイデアいっぱいのアプローチ

明治図書

はじめに

平成十九年から全国の小中学校で一斉に開始された特別支援教育。それは、子どもたち一人一人がどこでつまずいているのかをしっかり把握し、その子の学び方に応じて支援をしていくという新しい教育プログラムのスタートでした。

中でも読み書きが苦手な子どもへどのように支援していくかが大きな課題でもありました。特別支援教育が始まる以前は、「ゆっくり、繰り返しながら、教材を易しくして教える」が唯一の指導といっても過言ではありませんでした。

ＬＤ・ディスレクシアなどの「読み書きが苦手」な子どもたちは授業中の先生の話を聞く力、音韻を認識する力、文字を見る力、文字の形を認識する力などの認知能力に弱さをもっており、それぞれの読み書き障害の特性に合わせた具体的な関わり方が必要になりますが、当時ＬＤの特性にピンポイントに特化した教材はほとんどありませんでした。

「通常の学級でやさしい学び支援」シリーズによる『〈基礎〉トレーニングワーク』では、楽しく意欲的に文字を学ぶことができることに気づかせ、『〈つまずき〉支援ワーク』では、ひらがな単語聴写テストによるつまずきチェックを行って誤り方の傾向から明確な支援につなげ、『〈漢字〉支援ワーク』では、漢字の覚え方のコツを学び、偏と旁の混乱、筆順の難しさ、漢字特有の意味とのつながりなどを学びました。

読み書きの集大成となるのが、子どもたちが一番苦手としている「読解力、作文」です。作文は見る力、聴く力、話す力、漢字・かな文字を読んだり書いたりする力、記憶する力などの多様な特性を総合した意思表示の手段です。文章で自分の気持ちを表現するということは、ヒトにとって高度のコミュニケーション能力であり、生きていくために必要なライフスキルの一つでもあります。

読み書きが苦手でなくても作文は大嫌いという子どもたちは大勢います。苦手なことに取り組み成果を上げていくためには、これまでの教材にはない新しい視点が必要です。今回の『〈作文〉支援ワーク』は十種類のワークで構成されており、読み書きの支援には、日本語の特性に応じた支援の必要性があります。その考えに沿った指導がこのトレーニングワークです。子どもが意欲的に作文に取り組み、目に見える成果があげられる教材となっています。

読書感想文が苦手な子どもに繰り返し無理やり書かせる練習をさせてもただキライになるだけです。学び方は一人一人異なります。作文ワークは、スモールステップで自分に合った学び方を見つけることができます。ぜひ使ってみてください。

監修者　竹田　契一

もくじ

おはなしをつくろう

つなぐことばをつかって

三文かん字さく文（二〜四年生）

四文漢字作文（五・六年生）

５Ｗ１Ｈをつかって

マインドマップをつかって

●教材プリントは、自由にコピーして教室でお使いください。
●学年に応じてＡ４サイズに拡大して使用することをおすすめします。

読み書きの集大成 作文ワーク

❶ 通常の学級でやさしい学び支援シリーズ

特別支援教育って難しい？

シリーズの１巻である『読み書きが苦手な子どもへの〈基礎〉トレーニングワーク』の冒頭で、「特別支援教育って難しい？」という問いかけをしました。答えは、「いいえ。決して難しくはありません。」です。

子どもの発達を理解し、適切な教材を使っていけば子どもたちは自ら意欲的に学んでいってくれます。『〈基礎〉トレーニングワーク』の「わくわくプリント」は多くの保護者・先生方・子どもたちに使ってもらっています。「子どもが楽しみながら、ステップアップできる。」という感想もいただいています。

シリーズ２巻の『読み書きが苦手な子どもへの〈つまずき〉支援ワーク』では、ひらがなの読み書きのアセスメントツールである「ひらがな単語聴写テスト」を用いて、子どものつまずきを明らかにできるようにしました。そして、「わくわくプリント」をステップアップした「すくすくプリント」につなげていきます。その中の「ことばのかくれんぼ」に取り組んでいた一年生の子どもが「これ、楽しい！」とつぶやいてくれたのが印象的でした。

❷ 「作文ワーク」とは

作文って苦手！

「すくすくプリント」に続くのが本書の「作文ワーク」になります。

作文の課題を出すと子どもは顔を曇らせます。中には泣き出して取り組めない子もいます。どうして子どもは作文が苦手なのでしょうか。

作文は、自分の書きたい内容をイメージして言語化する、特殊音節や助詞表記に気をつけながら文字に表す、漢字表記を考える、文脈を確認する、句読点などの文の表記ルールをチェックする、など多くのことを同時進行で考えて作業する必要があります。テーマだけを与えて、「さあ、書きましょう。」では、何をどう書いていいのか全く思い浮かびません。

子どものイメージ化を助けるためには、写真を見せたり、そのときのエピソードを思い出したりすることが大切です。

書く内容を言語化するためには、キーワードを書き出したり、それを図式化したりする手助けが必要です。

表記の誤りや漢字表記は、文章が完成した後でチェックして修正していけばよいでしょう。

自分のイメージしたことを、自分の力で文章にできることは学びの喜びにつながります。作文が上手になるためには、自分の考えを言語化して、繰り返し書いていくことが大切です。

❸「作文ワーク」の構成

「作文ワーク」は十種類のワークで構成されています。

①おはなしかこうA「～います。」

②おはなしかこうB（うごき）

2巻の「すくすくプリント」にあるワークプリントを増補したものです。「〇〇が、□□を～～しています。」のように、主語・目的語・動詞をつなげた文を作るワークです。文末が「～います。」になるように文を考えて書いていきます。

③えをみておはなしをかこう

「なげる・うける」のように対になる動詞を使って文を作るワークです。一方の動詞を使った例文に対応した文を、絵に合わせて書いていきます。

④ようすのことば

「いきいき」「うきうき」などの擬態語を使って、絵に合った文を書くワークです。

⑤おはなしをつくろう

やりとりしている場面の絵を見て、質問に答えながら場面をイメージしていきます。答えの文をつなぐことで、作文を書いていくワークです。

⑥つなぐことばをつかって

絵を見て文を作った後、指定された接続詞を使って、続きの文を書いていくワークです。

⑦三文かん字さく文（二～四年生）

⑧四文漢字作文（五・六年生）

指定された漢字・熟語を使って文を書いていくワークです。「続きの文」「気持ちを入れた文」など、指定された内容の文を書いていきます。二～四年生は三文、五・六年生は四文をつなげて書く練習をします。

⑨5W1Hをつかって

「いつ（Ｗｈｅｎ）、どこで（Ｗｈｅｒｅ）、だれが（Ｗｈｏ）、なにを（Ｗｈａｔ）、なぜ（Ｗｈｙ）、どのように（Ｈｏｗ）」を使った作文の書き方を紹介します。

⑩マインドマップをつかって

作文を考えるときの発想法を紹介します。

おはなしをかこうA「〜います。」

このワークのねらい

「おはなしをかこうA『〜います。』」のワークプリントでは、主語・目的語・動詞をつなげた文が書けることをねらっています。また、話しことばと書きことばの違いに気づき、文末を「〜います。」に統一して書けることも大切にしています。

主語は、「おとうさん・おかあさん・男の子・女の子」のいずれかです。漢字を習っていれば、「お父さん・お母さん」と漢字の使用を促します。一年生で漢字の習い始めの時期には「男この子」や「男子」のような表記の誤りが見られます。このときには漢字の文字と音の対応を丁寧に教えていきます。

主語に続く助詞には、格助詞「が」を使うのが通常ですが、副助詞「は」を使っても誤りではありません。「は」を使った場合「おかあさんは、おにぎりをたべています。」のように、他と区別する意味合いがあることにも気づかせてあげてください。

目的語は絵から判断しますが、子どもが考えたことばを使ってください（例・はっぱ→おちば）。カタカナで書くことばは、カタカナ表記にするよう促してください。カタカナが思い出しにくい場合には、カタカナ表を用意して自分でみつけて書けるようにします。

目的語に続く助詞には、格助詞「を」を使います（例外・「のる」の場合「に」）。

「を」を「お」と表記する誤りはよくみられますが、書いた直後に修正するのではなく、文を書いた後で子どもに読み直させ、自分で修正できるようにしていきましょう。

動詞の音便変化

文末を「〜います。」に統一して文を作ると、動詞によって音便変化が伴う場合があります。

「たべる」の場合はそのまま「たべています。」と続きますが、「かく」の場合には「かいています。」（イ音便）と変化します。他に、「のむ」が「のんでいます。」（撥音便）や、「きる」が「きっています。」（促音便）があります。促音便の場合には、促音が抜ける表記の誤りも出やすくなるため、書いた後で誤りがないか確認させるようにしましょう。

音便変化は教えられるものではありません。日本語の語感と関連しているため、このように文を書く練習の中で身につけられるようにしていきます。

動詞のアイコン

01

おはなしをかこうA①

「〜います。」

なまえ

絵《え》を見《み》て「〜います。」の文《ぶん》を書《か》きましょう。

例《れい》

女の子が、おにぎりを

たべています。

どうだった?

かんたん

ふつう

むずかしい

02 おはなしをかこうA②

「〜います。」

なまえ

絵《え》を見《み》て「〜います。」の文《ぶん》を書《か》きましょう。

どうだった？

かんたん

ふつう

むずかしい

おはなしをかこうA③「〜います。」

なまえ

絵《え》を見《み》て「〜います。」の文《ぶん》を書《か》きましょう。

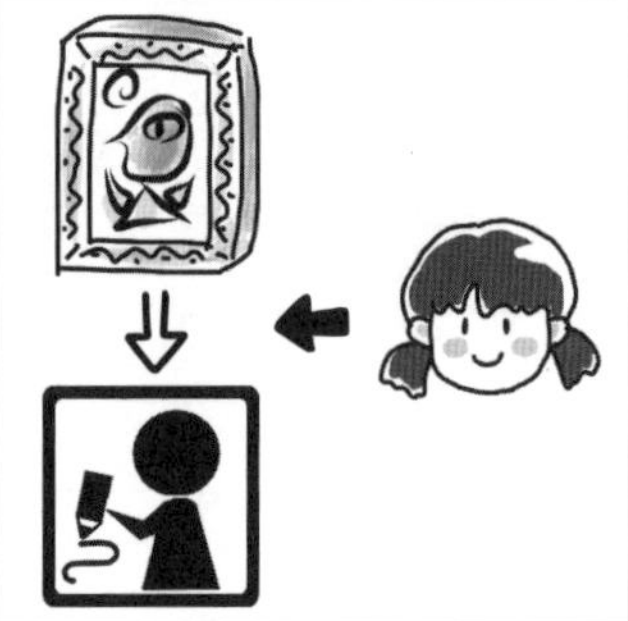

どうだった？

かんたん

ふつう

むずかしい

04 おはなしをかこうA④
「〜います。」

なまえ

絵《え》を見《み》て「〜います。」の文《ぶん》を書《か》きましょう。

どうだった?

かんたん

ふつう

むずかしい

05

おはなしをかこうA⑤「〜います。」

なまえ

絵《え》を見《み》て「〜います。」の文《ぶん》を書《か》きましょう。

どうだった？

かんたん

ふつう

むずかしい

06 おはなしをかこうA⑥「〜います。」

なまえ

絵《え》を見《み》て「〜います。」の文《ぶん》を書《か》きましょう。

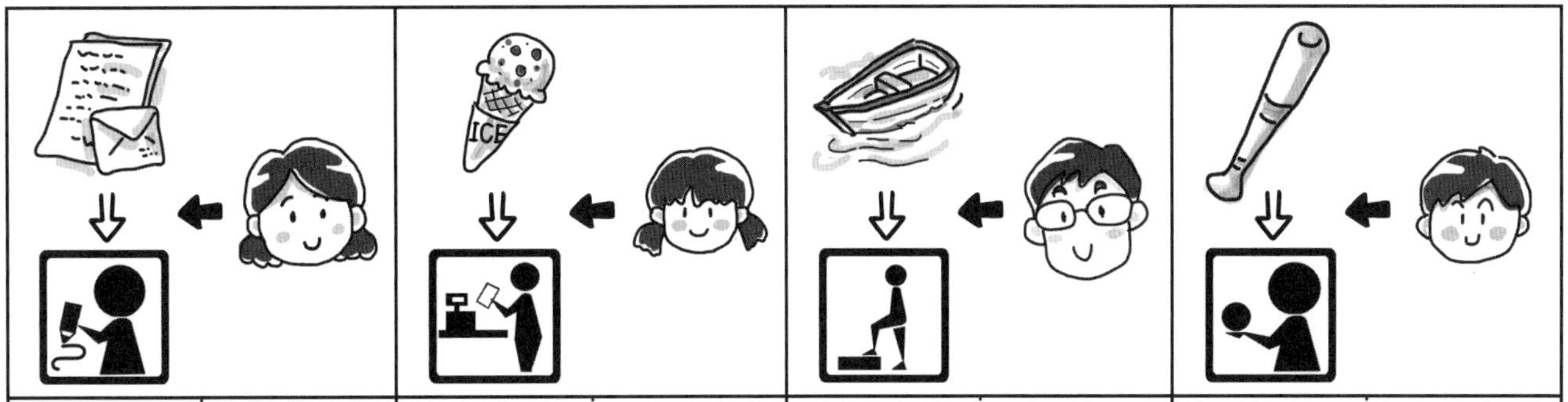

どうだった？

かんたん

ふつう

むずかしい

07 おはなしをかこうA⑦ 「〜います。」

なまえ

絵《え》を見《み》て「〜います。」の文《ぶん》を書《か》きましょう。

どうだった？

かんたん

ふつう

むずかしい

08 おはなしをかこうA⑧
「〜います。」

なまえ

絵《え》を見《み》て「〜います。」の文《ぶん》を書《か》きましょう。

どうだった?

かんたん

ふつう

むずかしい

おはなしをかこうB（うごき）

このワークのねらい

「おはなしをかこうB（うごき）」のワークプリントでは、「おはなしをかこうA『〜います。』」と同様に、主語・目的語・動詞をつなげた文が書けることをねらっています。また、話しことばと書きことばの違いに気づき、文末を「〜います。」に統一して書けることも大切にしています。

主語は、「おとうさん・おかあさん・男の子・女の子」のいずれかです。漢字を習っていれば、「お父さん・お母さん」と漢字の使用を促します。一年生で漢字の習い始めの時期には「男この子」や「男子」のような表記の誤りが見られます。このときには漢字の文字と音の対応を丁寧に教えていきます。

主語に続く助詞には、格助詞「が」を使うのが通常ですが、副助詞「は」を使っても誤りではありません。「は」を使った場合「おかあさんは、おにぎりをたべています。」のように、他と区別する意味合いがあることにも気づかせてあげてください。

目的語は絵から判断しますが、子どもが考えたことばを使ってください（例・シチュー→スープ）。カタカナで書くことばは、カタカナ表記にするよう促してください。カタカナが思い出しにくい場合には、カタカナ表を用意して自分でみつけて書けるようにします。

目的語に続く助詞には、格助詞「を」を使います（例外・「すわる」「のる」「とびこむ」「つまずく」「こしかける」の場合「に」）。

「を」を「お」と表記する誤りはよくみられますが、書いた直後に修正するのではなく、文を書いた後で子どもに読み直させ、自分で修正できるようにしていきましょう。

「はげます」や「あやす」など使ったことのないことばも出てきます。子どもの生活経験につなげて、イメージできるようにしていきましょう。

動詞の音便変化

文末を「〜います。」に統一して文を作ると、動詞によって音便変化が伴う場合があります。

「たべる」の場合はそのまま「たべています。」と続きますが、「かく」の場合には「かいています。」（イ音便）と変化します。他に、「のむ」が「のんでいます。」（撥音便）や、「きる」が「きっています。」（促音便）があります。促音便の場合には、促音が抜ける表記の誤りも出やすくなるため、書いた後で誤りがないか確認させるようにしましょう。

音便変化は教えられるものではありません。日本語の語感と関連しているため、このように文を書く練習の中で身につけられるようにしていきます。

イ音便

「ピアノを**ひく**。」→「ピアノを**ひいて**います。」

「おちゃを**そそぐ**。」→「おちゃを**そそいで**います。」

「まどを**ふく**。」→「まどを**ふいて**います。」

「かみを**やぶく**。」→「かみを**やぶいて**います。」

「たいこを**たたく**。」→「たいこを**たたいて**います。」

「石に**つまずく**。」→「石に**つまずいて**います。」

「木を**かつぐ**。」→「木を**かついで**います。」

撥音便

「プールに**とびこむ**。」→「プールに**とびこんで**います。」

「ジュースを**のむ**。」→「ジュースを**のんで**います。」

「花を**つむ**。」→「花を**つんで**います。」

促音便

「いすに**すわる**。」→「いすに**すわって**います。」

「うたを**うたう**。」→「うたを**うたって**います。」

「ひげを**そる**。」→「ひげを**そって**います。」

「うまに**のる**。」→「うまに**のって**います。」

「バスに**のる**。」→「バスに**のって**います。」

「おりがみを**おる**。」→「おりがみを**おって**います。」

「女の子を**からかう**。」→「女の子を**からかって**います。」

「しゃしんを**とる**。」→「しゃしんを**とって**います。」

「おうだんほどうを**わたる**。」→「おうだんほどうを**わたって**います。」

「まとを**ねらう**。」→「まとを**ねらって**います。」

09 おはなしをかこうB①（うごき）

なまえ

絵《え》を見《み》て「〜います。」の文《ぶん》を書《か》きましょう。

例《れい》

たべる

男の子が、ごはんをたべています。

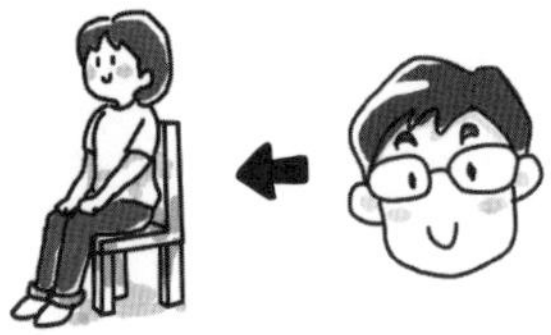

すわる

うたう

ひく

どうだった？

かんたん

ふつう

むずかしい

10 おはなしをかこうB②（うごき）

なまえ

絵《え》を見《み》て「〜います。」の文《ぶん》を書《か》きましょう。

そそぐ

そる

のる

あける

どうだった？

かんたん

ふつう

むずかしい

11 おはなしをかこうB③（うごき）

なまえ

絵《え》を見《み》て「〜います。」の文《ぶん》を書《か》きましょう。

まぜる

とびこむ

なげる

ふく

どうだった？

かんたん

ふつう

むずかしい

12 おはなしをかこうB④（うごき）

なまえ

絵《え》を見《み》て「〜います。」の文《ぶん》を書《か》きましょう。

のる

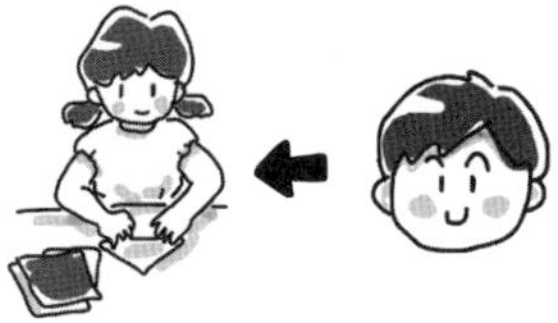

おる

なでる

のむ

どうだった？

かんたん

ふつう

むずかしい

13 おはなしをかこうB⑤（うごき）

なまえ

絵《え》を見《み》て「〜います。」の文《ぶん》を書《か》きましょう。

ゆでる

やぶく

たたく

からかう

どうだった？

かんたん

ふつう

むずかしい

14 おはなしをかこうB⑥（うごき）

なまえ

絵《え》を見《み》て「〜います。」の文《ぶん》を書《か》きましょう。

とる

つまずく

わたる

見上げる

どうだった？

かんたん

ふつう

むずかしい

15 おはなしをかこうB⑦（うごき）

なまえ

絵《え》を見《み》て「～います。」の文《ぶん》を書《か》きましょう。

つむ

かつぐ

こしかける

おいかける

どうだった？

かんたん

ふつう

むずかしい

16 おはなしをかこうB⑧（うごき）

なまえ

絵《え》を見《み》て「〜います。」の文《ぶん》を書《か》きましょう。

かたづける

ねらう

はげます

あやす

どうだった？

かんたん

ふつう

むずかしい

えをみておはなしをかこう

このワークのねらい

「おはなしをかこうA『～います。』」「おはなしをかこうB（うごき）」のワークプリントでは、主語・目的語・動詞をつなげた文を書くワークを行いました。また、話しことばと書きことばの違いに気づき、文末を「～います。」に統一して書くことで、動詞の音便変化に合わせた表記もできるようになっています。

「えをみておはなしをかこう」のワークプリントでは、これらを発展させ、例示されている文に合わせた文が書けることをねらっています。

動詞は、「なげる・うける」のように対になっています。例示されている文に合わせるためには、読んでその文脈を理解する必要があります。文脈を理解した上で、主語や目的語を対応させた文を書いていきます。

これまでのワークでは、目的語は「～を」もしくは「～に」のいずれか一つでしたが、このワークの例文では、「～を」（直接目的語）、「～に」（間接目的語）の両方を使った文も含んでいます。

〈例〉

男の子が、**ともだちにボールを**なげています。

→ともだちが、男の子の［なげた］ボールをうけています。

また、動詞の時制も合わせる必要が出てきます。

〈例〉

男の子が、おかあさんにお花を**あげました**。

→おかあさんは、男の子からお花を**もらいました**。

解答を示していますが、あくまでも解答例です。子どもが違う答えを書いた場合には、その答えを尊重し、文としての不具合がある場合には、読み直して正しい文章に近づくようアドバイスをしてあげてください。

作文には正答はありません。子どもの発想を大切にしてそれを広げていくことが大切です。「作文ワーク」に取り組んで、作文嫌いになることだけは避けたいものです。

「目的語」とは

目的語は、文の主要構成成分の一つで、動詞の目標となる人や物を示しているものです。

〈男の子が、おかあさんにお花をあげました。〉のような文では、〈あげる〉という行為の対象として、その働きを直接こうむる〈お花〉と、その受け手である〈おかあさん〉の二つが目的語となっています。前者を直接目的語、後者を間接目的語と呼んでいます。

対になる動詞

「なげる・うける」
「あげる・もらう」
「おいかける・にげる」
「入る・出る」
「うる・かう」
「うかぶ・しずむ」
「おどろかす・おどろく」
「よぶ・こたえる」
「かく・きる」
「ぬる・はる」
「おとす・ひろう」
「かう・まつ」
「きざむ・まぜる」
「たずねる・おしえる」
「なく・なぐさめる」
「おどる・まねる」

「かす・かりる」
「いく・かえる」
「のぼる・おりる」
「すわる・立つ」
「入れる・出す」
「ふえる・へる」
「おしえる・ならう」
「とまる・すすむ」
「かくす・さがす」
「おとす・うける」
「おぼれる・たすける」
「かく・見る」
「こぼす・かかる」
「たべる・のむ」
「ねだる・こまる」
「ほめる・てれる」

17 えをみて おはなしをかこう①

なまえ

絵《え》を見《み》ておはなしを書《か》きましょう。

例《れい》 男の子が、ともだちにボールをなげています。

ともだちが、男の子のなげたボールをうけています。

例《れい》 女の子が、男の子にけしゴムをかしてあげました。

例《れい》 男の子が、おかあさんにお花をあげました。

例《れい》 男の子が、おかあさんに見おくられて学校にいきました。

どうだった？

かんたん

ふつう

むずかしい

18 えをみて おはなしをかこう②

なまえ

絵《え》を見《み》ておはなしを書《か》きましょう。

例《れい》 犬が、男の子をおいかけています。

例《れい》 男の子が、学校のかいだんをのぼっています。

例《れい》 男の子が、トイレに入りました。

例《れい》 男の子が、いすにすわっています。

どうだった？

かんたん

ふつう

むずかしい

19 えをみて おはなしをかこう③

絵《え》を見《み》て おはなしを書《か》きましょう。

なまえ

例《れい》 おみせの人が、おかしをうっています。

例《れい》 女の子が、おもちゃばこに、にんぎょうを入れました。

例《れい》 うさぎののった木のふねは、うかんでいます。

例《れい》 あたらしいおかしをおさらに入れたので、ふえました。

どうだった?

かんたん

ふつう

むずかしい

20 えをみて おはなしをかこう④

なまえ

絵《え》を見《み》ておはなしを書《か》きましょう。

例《れい》 男の子が、びっくりばこで、ともだちをおどろかせました。

例《れい》 ピアノの先生が、女の子に、ピアノをおしえています。

例《れい》 男の子が、こうえんにいるともだちをよんでいます。

例《れい》 車が、おうだんほどうの手まえで、とまりました。

どうだった?

かんたん

ふつう

むずかしい

21

えをみて おはなしをかこう⑤

なまえ

絵《え》を見《み》ておはなしを書《か》きましょう。

例《れい》

女の子が、いろえんぴつで、お花のえをかいています。

例《れい》

男の子が、女の子のたからばこをかくしています。

例《れい》

女の子が、クレヨンで、いろをぬっています。

例《れい》

おとうさんが、りんごをとって、下におとしました。

どうだった？

かんたん

ふつう

むずかしい

22

えをみて おはなしをかこう⑥

なまえ

絵《え》を見《み》ておはなしを書《か》きましょう。

例《れい》 女の人が、スーパーでかったりんごをおとしました。

例《れい》 男の子が、プールで、おぼれています。

例《れい》 おねえさんが、えいがのチケットをかっています。

例《れい》 男の人が、人のかおのえをかいています。

どうだった？

かんたん

ふつう

むずかしい

23 えをみて おはなしをかこう⑦

絵《え》を見《み》ておはなしを書《か》きましょう。

なまえ

例《れい》 おかあさんが、なみだをながしながら、たまねぎをきざんでいます。

例《れい》 おかあさんが、コップのミルクをこぼしました。

例《れい》 がいこくの人が、えいごで、みちをたずねています。

例《れい》 男の子が、おいしそうに、ホットケーキをたべています。

どうだった？

かんたん

ふつう

むずかしい

24 えをみて おはなしをかこう⑧

絵《え》を見《み》ておはなしを書《か》きましょう。

なまえ

例《れい》 いもうとが、アイスクリームをおとして、ないています。

例《れい》 いもうとが、アイスクリームがほしいと、ねだっています。

例《れい》 おばあさんが、ぼんおどりをおどっています。

例《れい》 先生が、百てんをとった男の子をほめています。

どうだった？

かんたん

ふつう

むずかしい

ようすのことば

このワークのねらい

「ようすのことば」のワークプリントは、「擬態語」を使って文を書くワークです。「擬態語」とは、物や人の状態や感情を文字で表現したものです。日本語には非常に多くみられ、日本語の表現を豊かにしてくれることばです。「擬音語」「擬声語」「擬態語」を合わせて「オノマトペ」と呼ばれる場合もあります。

「擬態語」をうまく使って文が書けると、状態や感情をわかりやすく人に伝えることができます。

「ようすのことば」のワークプリントでは、まず①の欄に指定された「擬態語」を使って文を書きます。これまでの「主語・目的語・動詞」では対応できない文が多くなります。また、文体もいろんなパターンが考えられます。

〈例〉

・「おばあさんが、いきいきと、ゲートボールをしています。」
・「男の子が、うきうきして、スキップをしています。」
・「男の子が、うとうとといねむりをしています。」

次に②の欄に、①に書いた文に続くように文を書いていきます。②では「擬態語」を使っても使わなくてもかまいません。①を読み返して、意味が続いていることが大切です。

〈例〉

・「おじいさんが、おばあさんをおうえんしています。」
・「男の子は、とってもたのしそうです。」
・「となりの女の子が、しんぱいしています。」

指定されたことばを使って文を作ったり、意味や文脈をつなげて文を作ることは子どもには難しい課題です。子どもの発想を大切にして、うまく文がつながるようにアドバイスしてあげてください。

●「擬態語」の意味

・いきいき↓元気、活気がある様子。生きがいいさま。
・うきうき↓うれしくて、心がはずむ様子。浮かれるさま。
・うとうと↓いねむりしている様子。もっぱら、眠る形容に用いる。
・うろうろ↓あてもなく、または目的を見失って、あたりをさまよう様子。
・がみがみ↓口やかましく文句を言うさま。
・がやがや↓大勢の話し声が響いて騒がしい様子。
・きょろきょろ↓落ち着きなく、あたりを見回すさま。
・ぐちゃぐちゃ↓①水分をたっぷり含んで柔らかい様子。または、水分を含んだものをかき回したりつぶしたりする様子。②ひどく乱れた様子。③ぐちっぽく、あれこれ言う様子。
・くねくね↓何度もゆるやかに曲がるさま。また、体をよじるさまにも用いる。
・くるくる↓①連続して軽快に回転する様子。②長いものを手早く幾重《いくえ》にも巻きつけるさま。③動作や頭の回転が早くて活発な様子。④変化がめまぐるしいさま。
・げらげら↓大声で、しまりなく笑うさま。もっぱら、笑う形容に用いる。
・ごそごそ↓耳ざわりな音がするさま。また、そういう音を立てて動き回るさま。
・ころころ↓①小さく丸いものがころがるさま。②高く澄んで、響きのよい音。鈴の音、若い女性の笑い声などの形容に用いる。③太って、いかにも丸いさま。④ある状態に、たやすく何度も至る様子。話が変わるなどの形容に用いる。
・ざあざあ↓①水が勢いよく流れる音。とくに、雨が激しく降る音の形容によく用いる。②テレビ、スピーカーなどの雑音。
・しくしく↓①静かに泣き続けるさま。②鈍い痛みが続くさま。腹痛や歯痛の形容に用いる。
・すいすい↓水面などを軽やかに進む様子。乗り物などが滞りなく進むさま。
・すくすく↓すこやかに、順調に伸び育つ様子。
・すやすや↓やすらかに眠っている様子。もっぱら、眠る形容に用いる。
・ぞろぞろ↓①人や物がたくさん並んで続く様子。②着物のすそなどを、だらしなく引きずるさま。
・ちらちら↓①小さく軽いものがひるがえりながら落ちるさま。②光が小刻みに明滅するさま。また、そのように感じるさま。③断続して見えたり聞こえたりする様子。視線を何度かすばやく走らせるさまにも用いる。
・どきどき↓心臓が激しく鼓動する音や様子。
・にょろにょろ↓細長いものが身をくねらせて進むさま。
・ぱくぱく↓口を大きく何度も開閉するさま。食べ方がさかんな様子や、物の合わせ目が開いたり閉じたりする様子などに用いる。
・ぴょんぴょん↓繰り返し、身軽にはねるさま。もっぱら、跳ぶ、はねるなどの形容に用いる。

＊『日本語擬態語辞典』五味太郎著（講談社）から引用

25 ようすのことば①

なまえ

様子《ようす》の言葉《ことば》を使《つか》っておはなしを書《か》きましょう。

いきいき

①

②

うきうき

①

②

うとうと

①

②

どうだった？

かんたん

ふつう

むずかしい

26 ようすのことば②

なまえ

様子《ようす》の言葉《ことば》を使《つか》っておはなしを書《か》きましょう。

うろうろ

①

②

がみがみ

①

②

がやがや

①

②

どうだった？

かんたん

ふつう

むずかしい

27 ようすのことば③

なまえ

様子《ようす》の言葉《ことば》を使《つか》っておはなしを書《か》きましょう。

きょろきょろ

①

②

ぐちゃぐちゃ

①

②

くねくね

①

②

どうだった?

かんたん

ふつう

むずかしい

28 ようすのことば④

なまえ

様子《ようす》の言葉《ことば》を使《つか》っておはなしを書《か》きましょう。

くるくる

①

②

げらげら

①

②

ごそごそ

①

②

どうだった？

かんたん

ふつう

むずかしい

29 ようすのことば⑤

なまえ

様子《ようす》の言葉《ことば》を使《つか》っておはなしを書《か》きましょう。

ころころ

①

②

ざあざあ

①

②

しくしく

①

②

どうだった？

かんたん

ふつう

むずかしい

30 ようすのことば⑥

なまえ

様子《ようす》の言葉《ことば》を使《つか》っておはなしを書《か》きましょう。

すいすい

①

②

すくすく

①

②

すやすや

①

②

どうだった?

かんたん

ふつう

むずかしい

31 ようすのことば⑦

なまえ

様子《ようす》の言葉《ことば》を使《つか》っておはなしを書《か》きましょう。

ぞろぞろ

①

②

ちらちら

①

②

どきどき

①

②

どうだった?

かんたん

ふつう

むずかしい

32 ようすのことば⑧

なまえ

様子《ようす》の言葉《ことば》を使《つか》っておはなしを書《か》きましょう。

にょろにょろ

①

②

ぱくぱく

①

②

ぴょんぴょん

①

②

どうだった？

かんたん

ふつう

むずかしい

おはなしをつくろう

このワークのねらい

「おはなしをつくろう」のワークプリントは、これまでのワークのまとめとして、作文につなげていくワークです。

作文というと、あるテーマが与えられ、そのテーマに沿って各自が自由に文章を連ねていくことになります。この自由さが、子どもにとっては、「なにを、どのように書いていけばいいかわからない」ことにつながり、苦手感をもたせているように思います。

「おはなしをつくろう」のワークでは、状況絵をみて、まず吹き出しの中に入ることばを考えます。これは、絵をみて子どもがなにをイメージするのかを言語化するところから始めることになります。

次に、「だれがだれに？」「なにしてる？」「なぜ？」、と状況を具体化していきます。最初の発想と変わってもかまいません。

その後に、「どんな気もち？」「じぶんだったら？」と、心情についても考えていきます。一問一答式の書き込みのため、子どもは負担を感じることなく書いてくれます。

答えを書き込むと、その答えを順番に、「です・ます」（敬体）の文体に変えて書いていきます。作文を書くときには、文章の書き方を変えていくことにも意識をもたせます。回りくどい言い回しになっているときには、「こう書くと短くなるよ」と例文を提示してください。ただし、強制ではなく、子どもが書きたい文章を優先してください（マス目の数が限られているので、一字下げや改行はしないで書くようにしてください）。

このワークでは、書いた文章を読み返して、最後に題名を考えます。子どもが長い題名を考えたときには、「短くて、ぴったりのことばはないかな？」と考えさせてみてください。もちろん、子どもがそのままでいいと言ったときには、それを尊重してください。

作文は、自分で考えたイメージを、自分のことばで表現することが大切です。文法的な誤りがあっても、子どもの発想をしっかりと認めて、自分で書けたことを褒めてあげてください。

●状況絵について

①プレゼントをどうぞ

男の子が、男の人からプレゼントをもらっている状況絵です。

男の人は、子どもの発想で誰になってもかまいません。お父さん・おじいさん・知らない人・悪者、など子どもの発想は豊かです。プレゼントの中身についても様々です。

②かさに入れてあげる

かさをわすれた男の子を、女の子がかさに入れてあげる状況絵です。

この後の展開は、子どもの発想次第です。

③ヘビでおどろかす

男の子が、意地悪をして女の子をおどろかせている状況絵です。

書く子どもが、男の子か女の子かによっても状況は変わってきます。

④じてん車でこける

自転車でこけた男の子を見て、女の人がびっくりしている状況絵です。

女の人が誰なのか、こけたのが自分なのか他人なのかによっても書き方が変わってきます。

⑤にんぎょうをこわしちゃった

首の取れたぬいぐるみを、お母さんにみせている状況絵です。

女の子の心情や、その後の展開で書き方が変わってきます。

⑥花をおってごめんなさい

サッカーボールで、花壇のチューリップを折ってしまった男の子が謝っている状況絵です。

注意している先生のことばや、その後の展開で書き方が変わってきます。

⑦ボールをかさない

男の子がボールを独り占めして、他の子どもが困っている状況絵です。

誰のボールか、他の子どもの対応などで状況が変わります。

⑧せきをゆずる

電車の中で、男の子がおばあさんに席を譲っている状況絵です。

自分の経験や、「じぶんだったら？」の考えで書き方が変わってきます。

33 おはなしをつくろう①

なまえ

絵《え》を見《み》ておはなしを書《か》きましょう。

だれがだれに？

なにしてる？

なぜ？

どんな気もち？

なにが入っているのかな？

だいめい

どうだった？

かんたん

ふつう

むずかしい

34 おはなしをつくろう②

なまえ

絵《え》を見《み》ておはなしを書《か》きましょう。

だれがだれに？

なにしてる？

なぜ？

どんな気もち？

じぶんだったら？

だいめい

どうだった？

かんたん

ふつう

むずかしい

35

おはなしをつくろう③

なまえ

絵《え》を見《み》ておはなしを書《か》きましょう。

だれがだれに？

なにしてる？

なぜ？

どんな気もち？

じぶんだったら？

だいめい

どうだった？

かんたん

ふつう

むずかしい

36 おはなしをつくろう④

なまえ

絵《え》を見《み》ておはなしを書《か》きましょう。

だれがだれに？

なにしてる？

なぜ？

どんな気もち？

じぶんだったら？

だいめい

どうだった？

かんたん

ふつう

むずかしい

37 おはなしをつくろう⑤

なまえ

絵《え》を見《み》ておはなしを書《か》きましょう。

だれがだれに？

なにしてる？

なぜ？

どんな気もち？

じぶんだったら？

だいめい

どうだった？

かんたん

ふつう

むずかしい

38

おはなしをつくろう⑥

なまえ

絵《え》を見《み》ておはなしを書《か》きましょう。

だれがだれに？

なにしてる？

なぜ？

どんな気もち？

じぶんだったら？

だいめい

どうだった？

かんたん

ふつう

むずかしい

39 おはなしをつくろう⑦

なまえ

絵《え》を見《み》ておはなしを書《か》きましょう。

だれがだれに？

なにしてる？

なぜ？

どんな気もち？

じぶんだったら？

だいめい

どうだった？

かんたん

ふつう

むずかしい

40

おはなしをつくろう⑧

なまえ

絵《え》を見《み》ておはなしを書《か》きましょう。

だれがだれに？

なにしてる？

なぜ？

どんな気もち？

じぶんだったら？

だいめい

どうだった？

かんたん

ふつう

むずかしい

つなぐことばをつかって

このワークのねらい

「おはなしをつくろう」のワークプリントでは、質問に答える形で文をつなげていくワークを行いました。

この「つなぐことばをつかって」のワークでは、「つなぐことば（接続詞）」を手がかりに、自分で文章をつなげていくワークになります。

「おはなしをかこうB（うごき）」と同じ絵を使っていますので、一文目は「主語・目的語・動詞」をつなげた文を書いていきます。「ごはんをたべる」の文では、「どんなごはん？」と問いかけて、「おかあさんのつくった」や「だいすきなハンバーグの」などの飾ることばもつけ加えられるように促してください。

接続詞には、「そして〈添加〉」、「けれども〈逆接〉」、「すると〈順接〉」を使って、四文をつなげて書くワークになっています。そうすることで、「起・承・転・結」の文ができるようにしています。

文をどのような展開でつなげていくかは、子どもの発想次第です。解答は筆者が考えた大人の発想の文例です。子どもの発想を大切にして、自分で文章をつなげていくことの楽しさを体験させてあげてください。

「接続詞」について

・そして〈添加〉

語と語、句と句、文と文をつなぎます。前の事柄に加えて、もう一つ事柄をつけ加える場合に使われます。

・けれども〈逆接〉

ある事柄に関して、ふつう「そうである」「そうなる」とは思えない事柄を述べる場合に使います。また、ある事柄に対して、対照的な事柄を対比して述べる場合に使われます。

・すると〈順接〉

前で述べた出来事が起きた後に、その結果としてある出来事がすぐに起きる場合に使われます。また、前で述べた内容を根拠として簡単に考えられる事実を述べる場合に使われます。

●場面絵について

①ごはんをたべる

男の子がおいしそうにごはんを食べている場面絵です。
家庭での晩ごはん？　学校の給食？

②うまにのる

女の子（人）が馬に乗っている場面絵です。
乗っているのは、乗馬の先生？　初めての子ども？

③プールにとびこむ

男の子がプールに飛び込もうとしている場面絵です。
泳ぎは得意？　それとも？

④バスにのる

男の子がバスに乗り込もうとしている場面絵です。
どこに行く？　一人？　それともだれかといっしょ？

⑤ともだちをからかう

男の子が女の子をからかっている場面絵です。
場所はどこ？　二人の関係は？

⑥しゃしんをとる

二人の子どもの写真を男の人が撮っている場面絵です。
どんなとき？　男の人はだれ？

⑦うさぎをおいかける

男の子がうさぎを追いかけている場面絵です。
場所はどこ？　うさぎは飼っているうさぎ？

⑧赤ちゃんをあやす

女の子（人）が赤ちゃんをあやしている場面絵です。
二人の関係は？　場所はどこ？

41 つなぐことばをつかって①

なまえ

つなぐ言葉《ことば》を使《つか》っておはなしを書《か》きましょう。

ごはんをたべる

〈そして〉

〈けれども〉

〈すると〉

どうだった?

かんたん

ふつう

むずかしい

42 つなぐことばをつかって②

なまえ

つなぐ言葉《ことば》を使《つか》っておはなしを書《か》きましょう。

うまにのる

〈そして〉

〈けれども〉

〈すると〉

どうだった？

かんたん

ふつう

むずかしい

43 つなぐことばをつかって③

なまえ

つなぐ言葉《ことば》を使《つか》っておはなしを書《か》きましょう。

プールにとびこむ

〈そして〉

〈けれども〉

〈すると〉

どうだった?

かんたん

ふつう

むずかしい

44 つなぐことばをつかって④

なまえ

つなぐ言葉《ことば》を使《つか》っておはなしを書《か》きましょう。

バスにのる

〈そして〉

〈けれども〉

〈すると〉

どうだった？

かんたん

ふつう

むずかしい

45

つなぐことばをつかって⑤

なまえ

つなぐ言葉《ことば》を使《つか》っておはなしを書《か》きましょう。

ともだちをからかう

〈そして〉

〈けれども〉

〈すると〉

どうだった？

かんたん

ふつう

むずかしい

46 つなぐことばをつかって⑥

なまえ

つなぐ言葉《ことば》を使《つか》っておはなしを書《か》きましょう。

しゃしんをとる

〈そして〉

〈けれども〉

〈すると〉

どうだった?

かんたん

ふつう

むずかしい

47 つなぐことばをつかって⑦

なまえ

つなぐ言葉《ことば》を使《つか》っておはなしを書《か》きましょう。

うさぎをおいかける

〈そして〉

〈けれども〉

〈すると〉

どうだった？

かんたん

ふつう

むずかしい

48

つなぐことばをつかって⑧

なまえ

つなぐ言葉《ことば》を使《つか》っておはなしを書《か》きましょう。

赤ちゃんをあやす

〈そして〉

〈けれども〉

〈すると〉

どうだった？

かんたん

ふつう

むずかしい

三文かん字さく文（二～四年生）

このワークのねらい

「三文かん字さく文（二～四年生）」のワークでは、指定された漢字・熟語を使って文を書いていく練習をします。

各学年で習う漢字は決められていますが（学年別漢字配当表）、習う漢字の順番は、教科書によって違うため、ここで使う漢字は基本的に一学年下までで習う漢字を用いています。

このワークは、三文を書くワークになっています。

①には、指定された漢字・熟語を使って文を書いていきます。子どもは、「学校」という漢字が示されていると、「学校で」や「学校は」と書き出すことが多くなります。文を書き始める前に、「ぼくは・わたしは」と主語を入れて、文章をことばにしてみるよう促してください。

②の文は、①の文を読み返して、続きの文を書いていきます。

③の文は、できるだけ自分の気持ちを入れた文を書くようにします。

②の文をさらに広げた文になってもかまいません。

このように、文の書き方を示してあげると、子どもは文が書きやすくなります。書き方がわかって、自分で文章を考えて完成させる。作文にも自分でできた達成感が得られる練習法が必要と考えます。

「熟語」について

漢字の難しさの大きな要素として、読みの複雑さがあります。漢字の読みには、音読み・訓読みがあって、それぞれに複数の読み方をもつものもあります。

〈例〉「生」

音読み→セイ・ショウ

訓読み→はやす・はえる・いきる・いかす・いける

うまれる・うむ・おう・き・なま

訓読みは意味とのつながりで覚えやすく、音読みは意味とのつながりがないため覚えにくい傾向があります。また、同じ音読みの漢字もたくさんあるために混乱しやすくなります。

熟語は、「汽車・公園・電話」のように、音読み＋音読みのものが多くなります。そのために、熟語を覚えていくためには、漢字一文字として覚えていくだけでなく、熟語として読みと意味を覚えていく必要があります。

使用する漢字

・二年生

・学校　・水車
・天気　・百円
・花火　・子犬
・お正月　・夕日
・入口　・先生
・赤ちゃん　・虫とり

・三年生

・汽車　・時計
・公園　・電話
・日記　・工場
・野原　・教室
・音楽　・少年
・黒板　・遠足

・四年生

・家族　・動物　・漢字
・図書館　・写真　・電柱
・太陽　・荷物　・旅行
・野球　・勉強　・海岸

49

三文かん字さく文①（二年生）

なまえ

漢字《かんじ》を使《つか》っておはなしを書《か》きましょう。

学校

①

②

③

水車

①

②

③

どうだった？

かんたん

ふつう

むずかしい

50

三文かん字さく文②（二年生）

なまえ

漢字《かんじ》を使《つか》っておはなしを書《か》きましょう。

天気

①

②

③

百円

①

②

③

どうだった？

かんたん

ふつう

むずかしい

51

三文かん字さく文③（二年生）

なまえ

漢字《かんじ》を使《つか》っておはなしを書《か》きましょう。

花火

①

②

③

子犬

①

②

③

どうだった？

かんたん

ふつう

むずかしい

52 三文かん字さく文④（二年生）

なまえ

漢字《かんじ》を使《つか》っておはなしを書《か》きましょう。

お正月

①

②

③

夕日

①

②

③

どうだった？

かんたん

ふつう

むずかしい

53 三文かん字さく文⑤（二年生）

なまえ

漢字《かんじ》を使《つか》っておはなしを書《か》きましょう。

入口

①

②

③

先生

①

②

③

どうだった？

かんたん

ふつう

むずかしい

54

三文かん字さく文⑥（二年生）

なまえ

漢字《かんじ》を使《つか》っておはなしを書《か》きましょう。

赤ちゃん

①

②

③

虫とり

①

②

③

どうだった？

かんたん

ふつう

むずかしい

55 三文かん字さく文⑦（三年生）

なまえ

漢字《かんじ》を使《つか》っておはなしを書《か》きましょう。

汽車

①

②

③

時計

①

②

③

どうだった？

かんたん

ふつう

むずかしい

56

三文かん字さく文⑧（三年生）

なまえ

漢字《かんじ》を使《つか》っておはなしを書《か》きましょう。

公園

①

②

③

電話

①

②

③

どうだった？

かんたん

ふつう

むずかしい

57 三文かん字さく文⑨（三年生）

なまえ

漢字《かんじ》を使《つか》っておはなしを書《か》きましょう。

日記

①

②

③

工場

①

②

③

どうだった？

かんたん

ふつう

むずかしい

58

三文かん字さく文⑩（三年生）

なまえ

漢字《かんじ》を使《つか》っておはなしを書《か》きましょう。

野原

①

②

③

教室

①

②

③

どうだった？

かんたん

ふつう

むずかしい

59

三文かん字さく文⑪（三年生）

なまえ

漢字《かんじ》を使《つか》っておはなしを書《か》きましょう。

音楽

①

②

③

少年

①

②

③

どうだった？

かんたん

ふつう

むずかしい

三文かん字さく文⑫（三年生）

なまえ

漢字《かんじ》を使《つか》っておはなしを書《か》きましょう。

黒板

①

②

③

遠足

①

②

③

どうだった？

かんたん

ふつう

むずかしい

61

三文かん字さく文⑬（四年生）

なまえ

漢字《かんじ》を使《つか》っておはなしを書《か》きましょう。

家族

①

②

③

動物

①

②

③

漢字

①

②

③

どうだった？

かんたん

ふつう

むずかしい

62 三文かん字さく文⑭（四年生）

なまえ

漢字《かんじ》を使《つか》っておはなしを書《か》きましょう。

図書館

①

②

③

写真

①

②

③

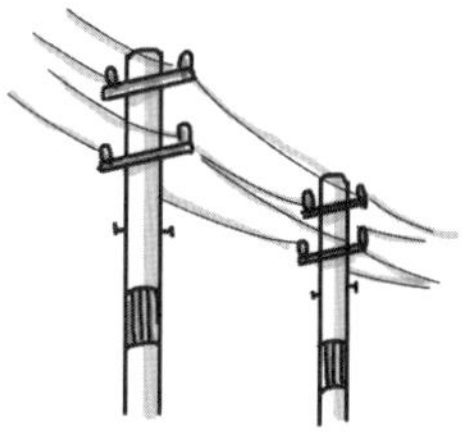

電柱

①

②

③

どうだった？

かんたん

ふつう

むずかしい

63 三文かん字さく文⑮（四年生）

なまえ

漢字《かんじ》を使《つか》っておはなしを書《か》きましょう。

太陽

①

②

③

荷物

①

②

③

旅行

①

②

③

どうだった？

かんたん

ふつう

むずかしい

64

三文かん字さく文⑯（四年生）

なまえ

漢字《かんじ》を使《つか》っておはなしを書《か》きましょう。

野球

①

②

③

勉強

①

②

③

海岸

①

②

③

どうだった？

かんたん

ふつう

むずかしい

四文漢字作文（五・六年生）

このワークのねらい

「四文漢字作文（五・六年生）」のワークでは、指定された漢字・熟語を使って文を書いていく練習をします。

各学年で習う漢字は決められていますが（学年別漢字配当表）、習う漢字の順番は、教科書によって違うため、ここで使う漢字は基本的に一学年下までで習う漢字を用いています。

このワークは、四文を書くワークになっています。

「つなぐことばをつかって」のワークでも紹介したように、「起・承・転・結」を意識して四文をつなげていきます（次の文例は、五年生「飛行機」に対応したものです）。

①【起】では、指定された漢字・熟語を使って文を書いていきます。ここでは、絵をみてわかる事実を、そのまま書きます。

〈例〉飛行機が、空を飛んでいます。

②【承】では、絵をさらに詳しく表現したり、絵には描かれていない状況説明を入れたりします。

〈例〉この飛行機は、北海道に向かっています。

③【転】では、これまでの流れを展開できるように、意外性のある文や場面転換するような文を書きます。

〈例〉北海道は、天気が悪く、雪がふっています。

④【結】では、展開した結果をまとめる文を書きます。

〈例〉でも、北海道に着くころには、雪がやんで、無事着陸することができました。

このように、文の書き方を示してあげると、子どもは文が書きやすくなります。書き方がわかって、自分で文章を考えて完成させる。作文にも自分でできた達成感が得られる練習法が必要と考えます。

「熟語」について

漢字の難しさの大きな要素として、読みの複雑さがあります。

漢字の読みには、音読み・訓読みがあって、それぞれに複数の読み方をもつものもあります。

訓読みは意味とのつながりで覚えやすく、音読みは意味とのつながりがないため覚えにくい傾向があります。また、同じ音読みの漢字もたくさんあるために混乱しやすくなります。

漢字には、音読み・訓読みの両方をもつものも多くありますが、音読みしかない漢字もあります。また、小学校では音読みしか習わない漢字もあります。

四年生以降の漢字をみてみると、学年で習う漢字の約半数が音読みしかない漢字になっています。つまり、高学年で習う漢字の多くは音読みしかない漢字で、熟語にならないと意味のつながりが出てこない漢字です。高学年の漢字学習では、一つ一つの漢字を覚えるだけでなく、熟語として漢字の読みと意味を覚えていく必要があります。

使用する漢字

・五年生

・信号　・飛行機
・友達　・灯台
・花束　・包帯
・一輪車　・給食
・貯金　・牧場

・六年生

・銅像　・校舎
・職員室　・授業
・事故　・祖母
・危険　・武士
・犯人　・綿毛

65 四文漢字作文①（五年生）

なまえ

漢字《かんじ》を使《つか》っておはなしを書《か》きましょう。

信号

①

②

③

④

飛行機

①

②

③

④

どうだった？

かんたん

ふつう

むずかしい

66

四文漢字作文②

（五年生）

なまえ

漢字《かんじ》を使《つか》っておはなしを書《か》きましょう。

友達

①

②

③

④

灯台

①

②

③

④

どうだった?

かんたん

ふつう

むずかしい

四文漢字作文③（五年生）

なまえ

漢字《かんじ》を使《つか》っておはなしを書《か》きましょう。

花束

①

②

③

④

包帯

①

②

③

④

どうだった？

かんたん

ふつう

むずかしい

68 四文漢字作文④（五年生）

なまえ

漢字《かんじ》を使《つか》っておはなしを書《か》きましょう。

一輪車

①

②

③

④

給食

①

②

③

④

どうだった？

かんたん

ふつう

むずかしい

69

四文漢字作文⑤（五年生）

なまえ

漢字《かんじ》を使《つか》っておはなしを書《か》きましょう。

貯金

①

②

③

④

牧場

①

②

③

④

どうだった？

かんたん

ふつう

むずかしい

70

四文漢字作文⑥（六年生）

なまえ

漢字《かんじ》を使《つか》っておはなしを書《か》きましょう。

銅像

①

②

③

④

校舎

①

②

③

④

どうだった？

かんたん

ふつう

むずかしい

71

四文漢字作文⑦

（六年生）

なまえ

漢字《かんじ》を使《つか》っておはなしを書《か》きましょう。

職員室

①

②

③

④

授業

①

②

③

④

どうだった？

かんたん

ふつう

むずかしい

四文漢字作文⑧（六年生）

なまえ

漢字《かんじ》を使《つか》っておはなしを書《か》きましょう。

事故

①

②

③

④

祖母

①

②

③

④

どうだった？

かんたん

ふつう

むずかしい

73 四文漢字作文⑨（六年生）

なまえ

漢字《かんじ》を使《つか》っておはなしを書《か》きましょう。

危険

①

②

③

④

武士

①

②

③

④

どうだった？

かんたん

ふつう

むずかしい

74

四文漢字作文⑩（六年生）

なまえ

漢字《かんじ》を使《つか》っておはなしを書《か》きましょう。

犯人

①

②

③

④

綿毛

①

②

③

④

どうだった？

かんたん

ふつう

むずかしい

5W1Hをつかって

「なにを」「どのように」

子どもに「作文を書きましょう。」と言うと、「なにを」「どのように」書いていいかわからず困ってしまいます。

「なにを」はテーマです。「遠足に行ったこと」「運動会」「読書感想文」などの大きなテーマはあっても、具体的な中身をどう書くかが思い浮かびません。このことは、次の「マインドマップをつかって」で解説します。

ここでは、「どのように」書くかをイメージしやすくするために、「5W1H」について解説します。

「5W1H」とは？

「5W1H」は新聞記事やビジネス文書を書くときに、事実を簡潔に伝える書き方の技法です。

・いつ（When）【時間を指すことば】
・どこで（Where）【場所を指すことば】
・だれが（Who）【人物を指すことば】
・なにを（What）【出来事を指すことば】
・なぜ（Why）【なにを（What）の理由を指すことば】
・どのように（How）【なにを（What）の具体的な行動を指すことば】

「どのように」書いていいかがわからない子どもには、まず「なにを」書くかの枠組みを示してあげることが大切です。

「5W1H」プリントの使い方

次のページに「運動会」をテーマにした例文を載せています。

〈テーマ〉は2枠に分けてあります。全体のテーマを右側に、一番思い出に残ったことを左側に書きます。絵が好きな子どもであれば、簡単な絵も描き入れるとイメージがわきやすくなります。

〈いつ〉から書き始めて、〈どこで〉〈だれが〉〈なにを〉と書き進めていきます。〈なぜ〉には〈なにを〉の理由を書き込みますが、低学年には少し難しいかもしれません。難しそうな場合には、〈なぜ〉を省いた「4W1H」のプリントを使ってください。〈どのように〉には、〈なにを〉の内容をできるだけ詳しく、具体的に書いていきます。〈かんそう〉には「楽しかった・うれしかった」などの気持ちの部分と、「なにが・どのように」も書けるように促します。

「おはなしをつくろう」のワークと同じように、もう一度全体を読み返して、ぴったりの〈だいめい〉を最後に書き入れます。

できあがったものを基に、もう一度作文に書き直すこともできますが、「5W1H」のプリントを使って立派な「作文」が書けたことを認めてあげてください。

5W1H 例《れい》

なまえ

〈テーマ〉
うんどうかい

ゆうしょう

〈だいめい〉「がんばったうんどうかい」

〈いつ〉十月十日　土よう日（に）

〈どこで〉学校のうんどうじょう（で）

〈だれが〉ぜん校じどう（が）

〈なにを〉うんどうかい（をしました。）

〈なぜ〉【〈なにを〉のりゆうは？】
みんなできょう力しながら、つよいからだをつくるため。
がんばるすがたを、かぞくに見てもらうため。

〈どのように〉【〈なにを〉をくわしく】
赤ぐみ・青ぐみ・きぐみ・白ぐみ（にわかれて）、
リレーやつなひきで、ゆうしょうをあらそった。
百メートルそうで一いになった。
リレーは、青ぐみにまけたけど、二いだった。

〈かんそう〉
ぼくの赤ぐみがゆうしょうできて、とてもうれしかった。
おうえんもがんばれてよかった。

5W1H

なまえ

〈テーマ〉

〈だいめい〉

〈いつ〉

〈どこで〉

〈だれが〉

〈なにを〉

〈なぜ〉【〈なにを〉のりゆうは？】

〈どのように〉【〈なにを〉をくわしく】

〈かんそう〉

4W1H

なまえ

〈テーマ〉

〈だいめい〉

〈いつ〉

〈どこで〉

〈だれが〉

〈なにを〉

〈どのように〉【〈なにを〉をくわしく】

〈かんそう〉

マインドマップをつかって

「なにを」「どのように」

作文を「どのように」書くかをイメージしやすくするために、前項で「5W1H」について解説しました。

ここでは「なにを」書くかをイメージしやすくするための「マインドマップ」について説明します。

「マインドマップ」とは？

マインドマップとは、イギリス人教育者トニー・ブザン（Tony Buzan）が提唱した、「脳の思考プロセスである放射思考を反映したノート法」です。「放射思考」とは、自らの思考や発想を視覚的に捉えて脳内の情報を整理・解放し、新たな発想を得るための手法のことです。

本来の「マインドマップ」は、「六つの法則」を基にした書き方がありますが、本書では小学生にも使えるよう簡略化した様式でのマインドマップになっています。

「マインドマップ」プリントの使い方

作文で何を書くかをイメージするために、まず中心の円の中にテーマを書きます。「うんどうかい・えん足」などのことばを入れていきますが、簡単な絵を描いたり、写真を貼ったりしてもかまいません。

次に、中心の円につながった枠の中に、テーマから思い出した事柄をできるだけ短いことばで書いていきます。枠が十個あるので、できるだけ全部を埋められるように思い出していきます。「えん足」がテーマであれば、「○月○日・水ぞくかん・バス・ジンベエザメ・ペンギン・おべんとう・おやつ・クラゲ…」などと書いていきます。

枠が埋まったら、枠の下にある線の部分に、書いたことばに関連したことばを書いていきます。これは関連したことを思い出した場合のみで、必ずしもすべて書き込む必要はありません。

ここまでできたら、事柄の起こった順番を、枠の左上の□に書いていきましょう。

作文にするためには、番号の順に、文章にしていきます。文体は、「です・ます・でした・ました」の敬体に統一して書くように促します。「だから・すると〈順接〉」、「けれども・ところが〈逆接〉」、「そして・それから〈添加〉」などの接続詞の例を示してあげて、使えるようにしておくと、つながりのある文章を書くことができます。

作文は、子どもにとって難しく苦手な課題です。そんな「作文」が、イメージを膨らませる楽しさ、それを文章にしていくことのおもしろさにつながるよう支援をしてあげてください。

マインドマップ 例《れい》

なまえ

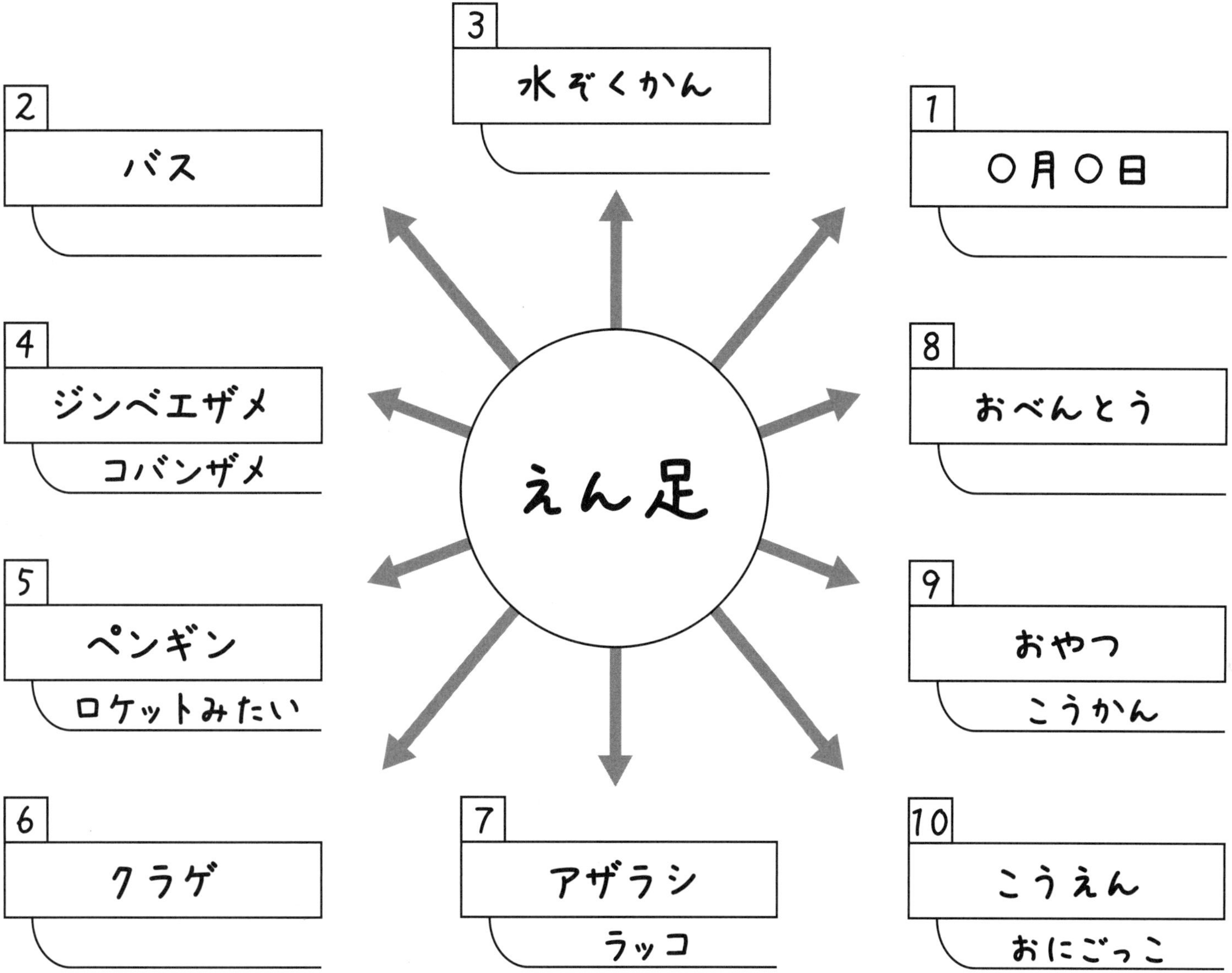

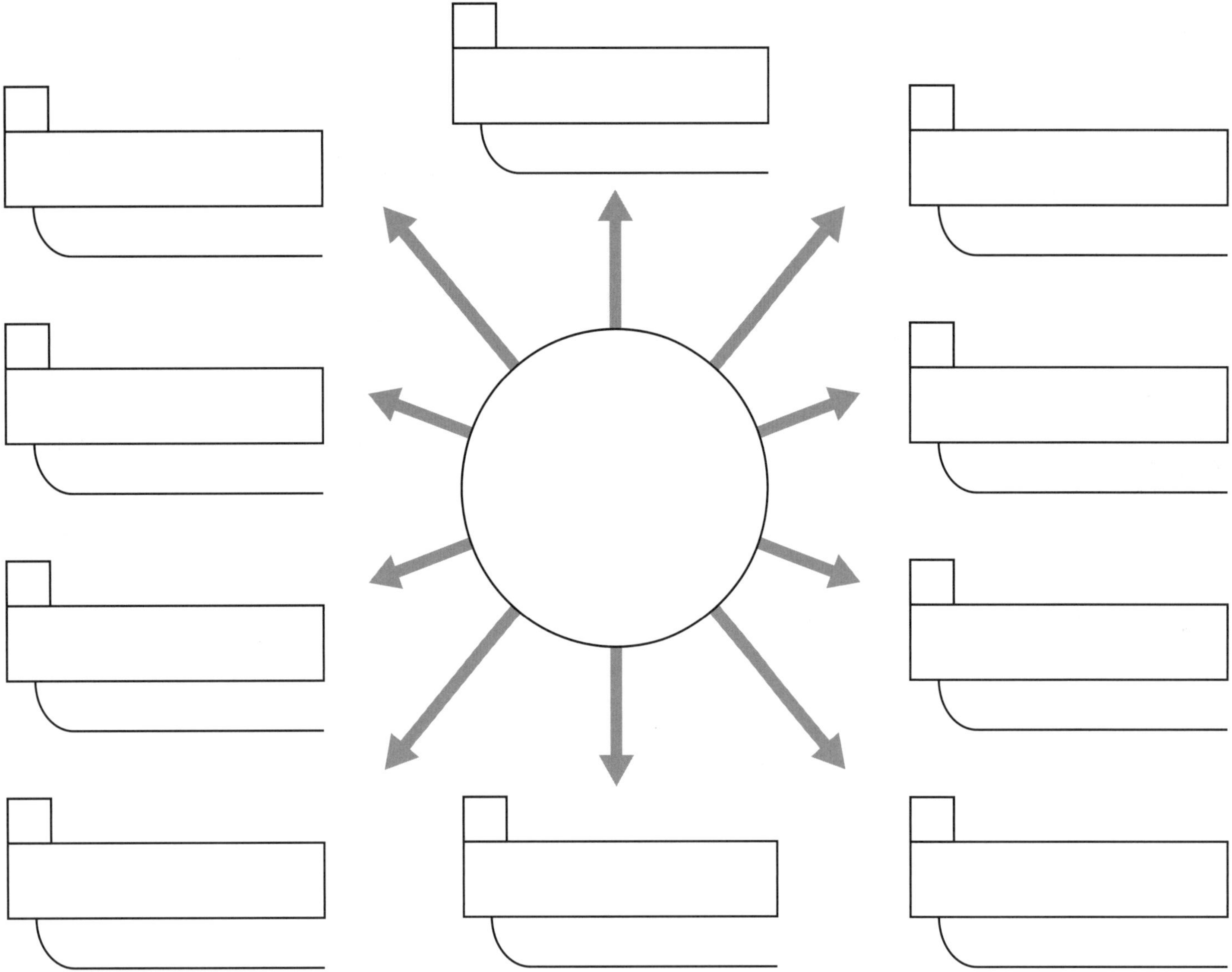

マインドマップ

なまえ

例《れい》

えん足のおもいで

めいじ　たろう

○月○日、バスにのって水ぞくかんにいきました。

さいしょに、大きな水そうのジンベエザメを見ました。おなかにコバンザメがくっついていておもしろかったです。

それから、ペンギンを見ました。ロケットみたいに早くおよいでいたので、びっくりしました。

クラゲの水そうもありました。たくさんのクラゲがいてきれいでした。

アザラシやラッコもいて、かわいかったです。

水ぞくかんを見たあと、ちかくのこうえんでおべんとうをたべました。おやつこうかんもしました。

おべんとうをたべたあと、こうえんでおにごっこをしてあそびました。

とってもたのしいえん足でした。

01

例《れい》

女の子が、おにぎりを
たべています。

おとうさんが、おちゃを
のんでいます。

男の子が、ライオンを
見ています。

おかあさんが、だいこん
をきっています。

02

おとうさんが、いすを
はこんでいます。

男の子が、えんぴつを
ひろっています。

女の子が、金ぎょを
もらっています。

おかあさんが、ふうせん
をあげています。

ポイント

主語は、「おとうさん・おかあさん・男の子・女の子」のいずれかです。漢字を習っていれば漢字の使用を促します。1年生では「男この子」「男子」のような表記の誤りが見られます。このときには、漢字の文字と音の対応を丁寧に教えていきます。

03

男の子が、かばんを
もっています。

おとうさんが、車に
のっています。

おかあさんが、ケーキ
をかっています。

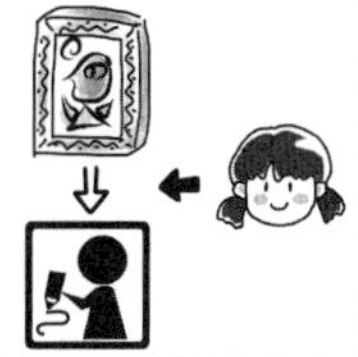

女の子が、えを
かいています。

04

男の子が、コロッケを
たべています。

女の子が、ジュースを
のんでいます。

おとうさんが、ふじ山を
見ています。

おかあさんが、ケーキ
をきっています。

ポイント

「もつ・のる・かう・きる」などの促音便の動詞の場合、文末を「もちます・のります・かいます・きります」のように書く場合があります。そのときには、「〜ています。」と続く表記に書き直すよう促します。

05

男の子が、きゅうしょくをはこんでいます。

おかあさんが、はっぱをひろっています。

女の子が、りんごをもらっています。

おとうさんが、プレゼントをあげています。

06

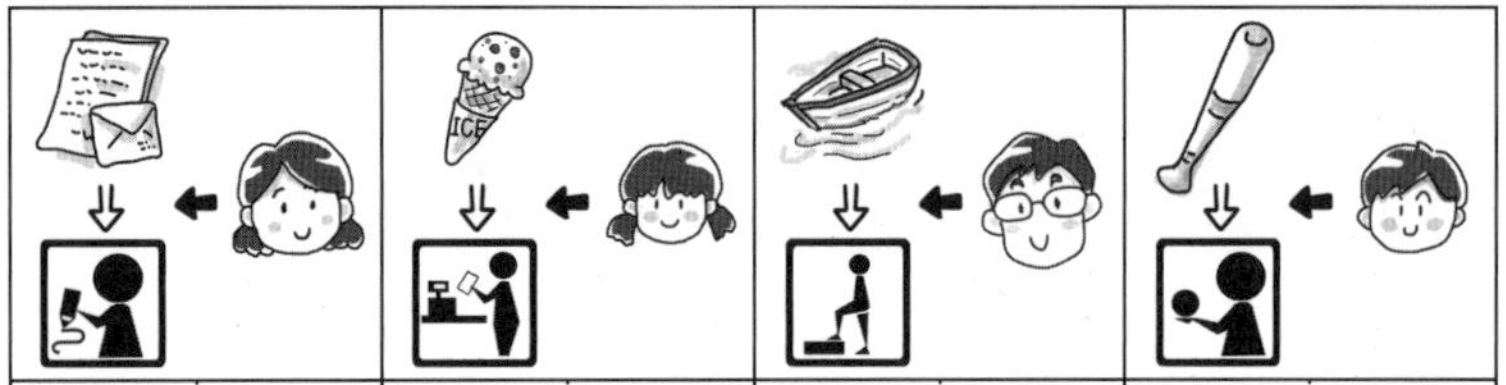

男の子が、バットをもっています。

おとうさんが、ボートにのっています。

女の子が、アイスをかっています。

おかあさんが、てがみをかいています。

ポイント

目的語は絵から判断しますが、子どもが考えたことばを使ってください。カタカナで書くことばは、カタカナ表記にするよう促してください。カタカナが思い出しにくい場合には、カタカナ表を用意して自分でみつけて書けるようにします。

07

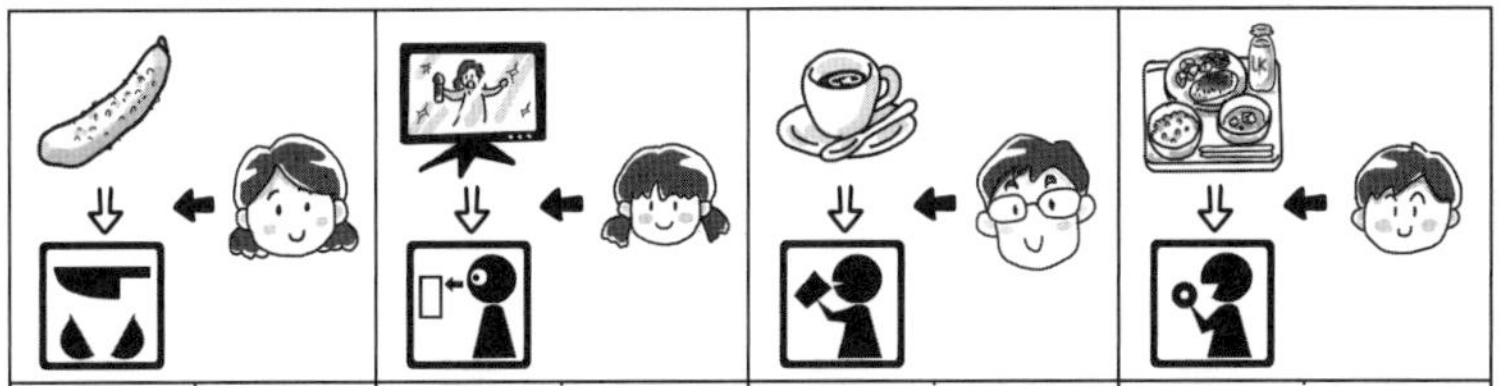

男の子が、きゅうしょくをたべています。

おとうさんが、コーヒーをのんでいます。

女の子が、テレビを見ています。

おかあさんが、きゅうりをきっています。

08

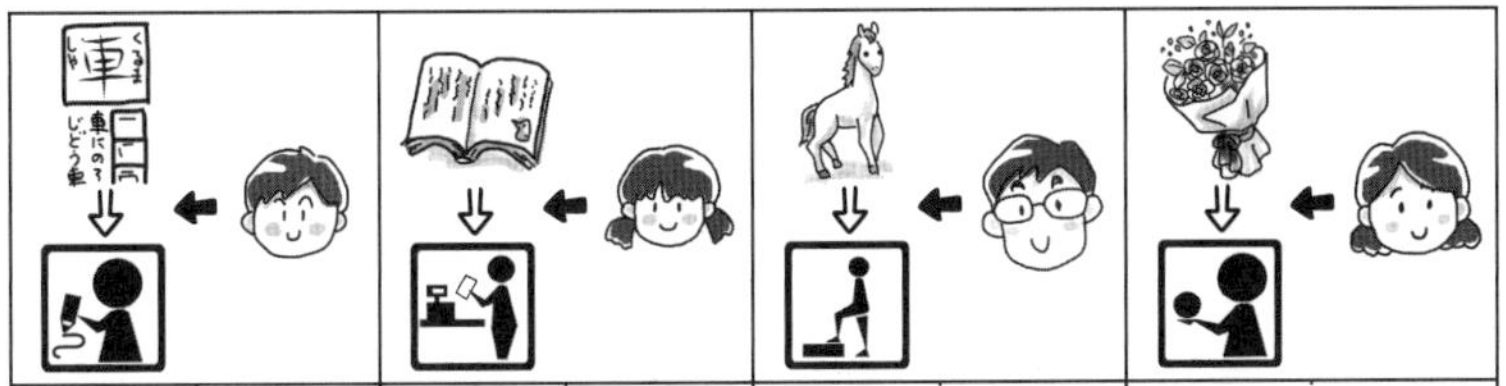

おかあさんが、花たばをもっています。

おとうさんが、うまにのっています。

女の子が、本をかっています。

男の子が、かん字をかいています。

ポイント

主語に続く助詞には、「が」を使うのが通常ですが、「は」を使っても誤りではありません。「は」を使った場合は、「おとうさんは、コーヒーをのんでいます。」のように、他と区別する意味合いがあることにも気づかせてあげてください。

09

例《れい》

たべる

男の子が、ごはんを
たべています。

すわる

おとうさんが、いすに
すわっています。

うたう

女の子が、うたを
うたっています。

ひく

おかあさんが、ピアノを
ひいています。

10

そそぐ

おかあさんが、おちゃを
そそいでいます。

そる

おとうさんが、ひげを
そっています。

のる

男の子が、うまに
のっています。

あける

女の子が、カーテンを
あけています。

ポイント

「おはなしをかこうB（うごき）」では、動詞は指定されていますが、目的語は絵から子どもが判断します。解答例だけが正解ではないので、子どもの発想を大切にした文になるように促してください。

11

まぜる

おかあさんが、シチューを
まぜています。

とびこむ

おとうさんが、プールに
とびこんでいます。

なげる

男の子が、ボールを
なげています。

ふく

女の子が、まどを
ふいています。

12

のる

女の子が、バスに
のっています。

おる

男の子が、おりがみを
おっています。

なでてる

おかあさんが、うさぎを
なでています。

のむ

おとうさんが、ジュースを
のんでいます。

ポイント

「女の子が、まどを“きれいに”ふいています。」のように、修飾語も入れた文が書けたときには、「上手に書けたね！」と、しっかり認めてあげてください。

13

ゆでる

おかあさんが、じゃがいもをゆでています。

やぶく

女の子が、かみをやぶいています。

たたく

おとうさんが、たいこをたたいています。

からかう

男の子が、女の子をからかっています。

14

とる

おとうさんが、しゃしんをとっています。

つまずく

男の子が、石につまずいています。

わたる

女の子が、おうだんほどうをわたっています。

見上げる

おかあさんが、空を見上げています。

ポイント

解答例の文は、１年生で習う漢字だけを漢字表記にしています。
２年生以上では、文を書いた後に、習った漢字がないかを確認して書き直すなど、漢字学習にもつなげていきます。

15

つむ

女の子が、花を
つんでいます。

かつぐ

おとうさんが、すぎの木を
かついでいます。

こしかける

おかあさんが、いすに
こしかけています。

おいかける

男の子が、うさぎを
おいかけています。

16

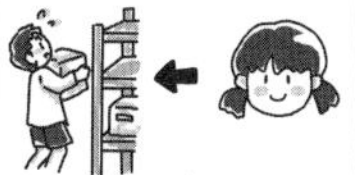
かたづける

女の子が、にもつを
かたづけています。

ねらう

男の子が、まとを
ねらっています。

はげます

おとうさんが、ともだちを
はげましています。

あやす

おかあさんが、赤ちゃんを
あやしています。

ポイント

「はげます・あやす」など、子どもが日常的に使わない動詞の場合、「しあいにまけたともだちをはげます。」など、使い方の文例を示してあげてください。

17

例《れい》 男の子が、ともだちにボールをなげています。

ともだちが、男の子のなげたボールをうけています。

例《れい》 女の子が、男の子にけしゴムをかしてあげました。

男の子が、女の子からけしゴムをかりました。

例《れい》 男の子が、おかあさんにお花をあげました。

おかあさんは、男の子からお花をもらいました。

例《れい》 男の子が、おかあさんに見おくられて学校にいきました。

男の子が、学校からかえってきました。

18

例《れい》 犬が、男の子をおいかけています。

男の子は、こわくて、ひっしににげています。

例《れい》 男の子が、学校のかいだんをのぼっています。

男の子が、学校のかいだんをおりています。

例《れい》 男の子が、トイレに入りました。

男の子が、となりのトイレから出てきました。

例《れい》 男の子が、いすにすわっています。

すわっていた男の子が、いすから立ちました。

ポイント

解答はあくまでも例を示しています。前の例文に、うまく文脈がつながるよう、子どもの発想を大切にした文を作らせてください。

19

例《れい》 おみせの人が、おかしをうっています。

男の子が、お金をはらって、おかしをかっています。

例《れい》 女の子が、おもちゃばこに、にんぎょうを入れました。

女の子が、おもちゃばこから、にんぎょうを出しました。

例《れい》 うさぎののった木のふねは、うかんでいます。

たぬきののった土のふねは、しずんでいます。

例《れい》 あたらしいおかしをおさらに入れたので、ふえました。

男の子が、いっぱいたべたので、へりました。

20

例《れい》 男の子が、びっくりばこで、ともだちをおどろかせました。

ともだちは、なきそうになるほど、おどろきました。

例《れい》 ピアノの先生が、女の子に、ピアノをおしえています。

女の子は、ピアノの先生から、ピアノをならっています。

例《れい》 男の子が、こうえんにいるともだちをよんでいます。

ともだちは、気がついて、こたえています。

例《れい》 車が、おうだんほどうの手まえで、とまりました。

女の子が、手を上げて、おうだんほどうをすすみました。

ポイント

「〜います。」「〜ました。」のように、文の時制も書くときのポイントになります。文のつながり方として適当か、文末の書き方も意識させるようにしてください。

21

例《れい》 女の子が、いろえんぴつで、お花のえをかいています。

男の子が、はさみで、おりがみを
きっています。

例《れい》 男の子が、女の子のたからばこをかくしています。

女の子が、たからばこがないので、
さがしています。

例《れい》 女の子が、クレヨンで、いろをぬっています。

男の子が、のりで、おりがみを
はっています。

例《れい》 おとうさんが、りんごをとって、下におとしました。

おかあさんが、かごで、りんごを
うけました。

22

例《れい》 女の人が、スーパーでかったりんごをおとしました。

男の人が、おちたりんごを
ひろいました。

例《れい》 男の子が、プールで、おぼれています。

男の人が、うきわをもって、
男の子をたすけています。

例《れい》 おねえさんが、えいがのチケットをかっています。

おとうとは、チケットをかうのを
まっています。

例《れい》 男の人が、人のかおのえをかいています。

女の人が、うしろで、そのえを
見ています。

ポイント

文をうまく書くには、句読点の使い方も大切です。特に読点（、）は文を読みやすくするために重要です。むやみに読点をつけるのでなく、どこにつけると読みやすいかを考えさせましょう。

23

例《れい》 おかあさんが、なみだをながしながら、たまねぎをきざんでいます。

男の子が、たまごをわって、おはしでまぜています。

例《れい》 おかあさんが、コップのミルクをこぼしました。

ホットケーキをたべようとしていた男の子に、ミルクがかかりました。

例《れい》 がいこくの人が、えいごで、みちをたずねています。

女の人が、えいごで、みちをおしえています。

例《れい》 男の子が、おいしそうに、ホットケーキをたべています。

おかあさんが、男の子のよこで、こうちゃをのんでいます。

24

例《れい》 いもうとが、アイスクリームをおとして、ないています。

おにいさんが、いもうとをなぐさめています。

例《れい》 いもうとが、アイスクリームがほしいと、ねだっています。

おにいさんは、お金をもっていないので、こまっています。

例《れい》 おばあさんが、ぼんおどりをおどっています。

女の子が、おばあさんのおどりをまねています。

例《れい》 先生が、百てんをとった男の子をほめています。

男の子は、ほめられて、てれています。

ポイント

学習を意欲的に積み上げていくには、達成感が大切です。苦手な作文も、「自分で考えて書けた」という達成感が必要です。修正をするのでなく、うまく書けるようサポートしてあげてください。

25

いきいき

① おばあさんが、いきいきと、ゲートボールをしています。

② おじいさんが、おばあさんをおうえんしています。

うきうき

① 男の子が、うきうきして、スキップをしています。

② 男の子は、とってもたのしそうです。

うとうと

① 男の子が、うとうといねむりをしています。

② となりの女の子が、しんぱいしています。

26

うろうろ

① 女の子が、ちずを見ながら、うろうろしています。

② いくばしょがわからなくて、こまっています。

がみがみ

① おかあさんが、がみがみとおこっています。

② ゲームばかりで、しゅくだいをやっていないからです。

がやがや

① みんながあつまって、がやがやとはなしをしています。

② ひる休みになにをするか、なかなかきまりません。

ポイント

「擬態語」を使って文を書くワークです。

「擬態語」をうまく使って文が書けると、状態や感情をわかりやすく人に伝えることができます。

27

きょろきょろ

① 女の子が、きょろきょろして、なにかさがしています。

② かくれんぼで、かくれた子をさがしています。

ぐちゃぐちゃ

① 男の子が、ハンバーグを、ぐちゃぐちゃこねています。

② 気もちわるくて、なかなか上手にできません。

くねくね

① くねくねしたみちが、むこうまでつづいています。

② きょうは、ハイキングで山にのぼります。

28

くるくる

① 女の人が、リボンをくるくるまわしています。

② 女の人は、たいそうのせん手です。

げらげら

① 男の子が、おなかをかかえて、げらげらわらっています。

② 男の子は、テレビで、おわらいばんぐみを見ています。

ごそごそ

① 男の子が、おもちゃばこを、ごそごそさがしています。

② 大すきなおもちゃが、見つからないからです。

ポイント

前の文につなげた文を作るためには、イラストに描かれていることだけでなく、そこからイメージすることが大切です。子どもが困っているときには、具体例をあげて助けてあげてください。

29

ころころ

① ボールがころころとちかくにころがってきました。

② 男の子は、ボールをひろって、なげかえしました。

ざあざあ

① 大雨が、ざあざあふってきました。

② かさをさしていたのに、びしょぬれになりました。

しくしく

① 女の子が、しくしくないています。

② かっていた犬が、しんでしまったからです。

30

すいすい

① 男の子が、プールですいすいおよいでいます。

② 男の子は、ひらおよぎがとくいです。

すくすく

① たけのこが、すくすくそだっています。

② いつのまにか、ぼくよりせがたかくなっていました。

すやすや

① 女の子が、ベッドですやすやねむっています。

② 女の子は、ゆうえんちにいくゆめを見ています。

ポイント

転がってきたボールが、実は爆弾だった。大人からみると危ない発想ですが、子どもの発想は無限です。否定せずに、楽しんで続きの話を聞いてあげてください。

31

ぞろぞろ

① ありが、ぞろぞろとクッキーにあつまってきました。

② ありは、あまいものが大すきです。

ちらちら

① 女の子が、ともだちのほうを、ちらちら見ています。

② なんのはなしをしているのか、気になるからです。

どきどき

① 男の子は、ちゅうしゃでどきどきしています。

② 男の子は、ちゅうしゃが大きらいです。

32

にょろにょろ

① 大きなヘビが、にょろにょろうごいています。

② こわいので、はしってにげました。

ぱくぱく

① 男の子が、ドーナツをぱくぱくたべています。

② あっというまに、ぜんぶたべてしまいました。

ぴょんぴょん

① カエルが、ぴょんぴょんはねています。

② カエルは、ジャンプがとくいです。

ポイント

「擬態語」は、実際は音のしない状態や感情を音で表したものです。

「擬態語」がうまく使えるようになると、会話やコミュニケーションの力もついていきます。

33

だいめい　うれしいプレゼント

だれがだれに？　おじいさんが、男の子に

なにしてる？　プレゼントをあげている

なぜ？　たんじょう日だから

どんな気もち？　うれしい

なにが入っているのかな？　ゲーム

おじいさんが、男の子にたんじょう日のプレゼントをあげました。男の子は、ほしかったゲームをもらって、うれしかったです。

34

だいめい　雨の日

だれがだれに？　女の子が、男の子に

なにしてる？　かさに入れてあげる

なぜ？　かさをわすれたから

どんな気もち？　うれしい

じぶんだったら？　はずかしい

男の子が、女の子のかさに入れてもらいました。かさをわすれたので、うれしかったです。ぼくだったら、すこしはずかしいです。

ポイント

まず始めに吹き出しのことばを考えます。絵をみて思い浮かんだイメージをことばにしていきます。
題名は最後です。文章を読み返したイメージを一言でまとめます。

35

だいめい いたずら

だれがだれに？ 男の子が、女の子に

なにしてる？ おもちゃのヘビを見せている

なぜ？ いたずら

どんな気もち？ いやな気もち

じぶんだったら？ ぜったいしない

男の子が、女の子にヘビを見せておどかしています。女の子は、びっくりしていやな気もちです。ぼくだったら、ぜったいしません。

36

だいめい じてん車でこけた

だれがだれに？ おかあさんが、男の子に

なにしてる？ しんぱいしてる

なぜ？ こけたから

どんな気もち？ けがしてないかな

じぶんだったら？ だいじょうぶ

男の子が、じてん車でこけたので、おかあさんは、けがをしていないかしんぱいしています。ぼくだったら、だいじょうぶです。

ポイント

自分の経験とつなげて書く。架空の人物としてストーリーを考える。アニメのキャラクターに置き換えて、おもしろい話を作る。どんなやり方でもかまいません。

37

だいめい　こわれたぬいぐるみ

女の子が、おかあさんに、ぬいぐるみを見せています。あそんでいてこわれたからです。かなしいので、なおしてほしいです。

だれがだれに？	なにしてる？	なぜ？	どんな気持ち？	じぶんだったら？
女の子が、おかあさんに	ぬいぐるみを見せている	こわれたから	かなしい	なおしてほしい

38

だいめい　花をおってごめんなさい

男の子が、先生にしかられています。サッカーボールがあたって、チューリップがおれたからです。チューリップさん、ごめんなさい。

だれがだれに？	なにしてる？	なぜ？	どんな気持ち？	じぶんだったら？
男の子が、先生に	しかられている	チューリップをおったから	ごめんなさい	あやまる

ポイント

ワークの左端には「どうだった？」の自己評価欄があります。
ワークを続けることで、「かんたん」に丸がつくようになれば「O.K.」です。

39

だいめい　ボールをひとりじめ

だれがだれに？　男の子が、ともだちに

なにしてる？　いじわるをしている

なぜ？　ひとりじめしたいから

どんな気もち？　いやな気もち

じぶんだったら？　いっしょにあそぶ

男の子が、ともだちにいじわるをしています。ボールをひとりじめにしたいからです。ぼくだったら、いっしょにあそびます。

40

だいめい　でん車の中で

だれがだれに？　男の子が、おばあさんに

なにしてる？　でん車のせきをゆずっている

なぜ？　お年よりだから

どんな気もち？　ありがとう

じぶんだったら？　せきをゆずる

男の子が、おばあさんに、でん車のせきをゆずっています。お年よりに、しんせつにしています。ぼくも、せきをゆずりたいです。

ポイント

「ぼくだったら、いっしょにあそびます。」「ぼくも、せきをゆずりたいです。」と、作文の中に自分の考えが書けるようになれば「作文名人」です。

41

ごはんをたべる

男の子が、ばんごはん
のハンバーグをたべて
います。

〈そして〉
おなかがすいていたので、
すぐにぜんぶ
たべてしまいました。

〈けれども〉
男の子は、まだおなかが
すいていました。

〈すると〉
れいぞうこのケーキを
見つけて、
たべてしまいました。

42

うまにのる

女の子が、
ぼくじょうでうまに
のせてもらいました。

〈そして〉
女の子は、はじめてうまに
のるので、すこしこわがって
いました。

〈けれども〉
ぼくじょうの人が
つなをひいてくれて、
うまはあるきだしました。

〈すると〉
女の子は、こわくなくなって、
たのしくなりました。

ポイント

「起・承・転・結」の文ができるようにつなげていきます。
「そして〈添加〉」：前の文〈起〉に新しい情報をつけ加えます〈承〉。
「ごはんをたべる」＋「おなかがすいていた」

43

プールにとびこむ

プールが大すきな
男の子が、プールに
とびこみました。

〈そして〉
とくいのクロールで、
25メートルおよごうと
おもいました。

〈けれども〉
プールはこんでいて、
人にぶつかりそうで、
うまくおよげませんでした。

〈すると〉
男の子は、もぐっておよぐ
あそびをしました。

44

バスにのる

男の子が、バスに
のってでかけようと
しています。

〈そして〉
えきにいくバスにのりました。

〈けれども〉
そのバスは、
はんたいのほうへいく
バスでした。

〈すると〉
うんてん手さんが、
えきにいくバスののりばを
おしえてくれました。

ポイント

「けれども〈逆接〉」：対照的な事柄を対比して述べます〈転〉。
「とくいのクロールでおよぐ」⇔「プールはこんでいたからうまくおよげない」

45

ともだちをからかう

男の子が、
ともだちの女の子を
からかっています。

〈そして〉女の子は、とてもいやそうな
かおをしています。

〈けれども〉男の子は、
女の子をからかうのを
やめません。

〈すると〉うしろから先生がやってきて、
男の子は、しかられてしまい
ました。

46

しゃしんをとる

おとうさんが、
子どもたちのしゃしんを
とろうとしています。

〈そして〉セルフタイマーで、
じぶんもいっしょに
うつろうとおもいました。

〈けれども〉子どものところに
いくとちゅうで、
ころんでしまいました。

〈すると〉子どもたちが、
びっくりしているしゃしんが
とれました。

ポイント

「すると〈順接〉」：前の出来事の結果として起こったことをまとめます〈結〉。
「おとうさんはころんだ」⇒「びっくりしているしゃしんがとれた」

47

うさぎをおいかける

男の子が、
うさぎごやのうさぎを
おいかけています。

〈そして〉
つかまえて、うさぎごやに
入れようとしています。

〈けれども〉
うさぎはぴょんぴょんはねて、
なかなかつかまりません。

〈すると〉
うさぎは、じぶんで
うさぎごやに
入っていきました。

48

赤ちゃんをあやす

女の子が、赤ちゃんを
あやしています。

〈そして〉
「ベロベロバー」をすると、
赤ちゃんは大よろこびです。

〈けれども〉
なんかいもすると、赤ちゃんは
ないてしまいました。

〈すると〉
おかあさんがやってきて、
赤ちゃんを
だっこしてくれました。

ポイント

つながりのある文章を書くことは難しい作業です。
書いた文章を声に出して読んでみると、つながりがスムーズかどうかわかりやすくなります。

49

学校《がっこう》

① ぼくは、まい日、学校にいきます。

② 学校で、ともだちとあそぶのがたのしみです。

③ ぼくは、学校が大すきです。

水車《すいしゃ》

① 小やのよこで、水車がまわっています。

② 水車は、川の水の力でまわります。

③ カタカタと気もちのよい音がします。

50

天気《てんき》

① きょうの天気は、雨です。

② あしたのよほうは、くもりです。

③ あさっては、はれになってほしいです。

百円《ひゃくえん》

① 百円もらって、おかしをかいにいきました。

② 五十円のおかしを二つかいました。

③ すきなおかしがかえて、うれしかったです。

ポイント

「学校」を使って文を作ろうとすると、「学校は～」という書き出しになりがちです。主語を入れて「ぼくは～、わたしは～」で書き始める文でも書けることを示してください。

51

花火《はなび》

① かぞくで、花火を見にいきました。

② きれいな花火が、たくさんあがりました。

③ 音が大きくて、びっくりしました。

子犬《こいぬ》

① ぼくのいえで、子犬をかっています。

② 子犬のなまえは、コロといいます。

③ コロはとってもかわいい子犬です。

52

お正月《おしょうがつ》

① お正月に、かぞくではつもうでにいきました。

② いえのちかくのじんじゃに、おまいりをしました。

③ 手をあわせて、おねがいをしました。

夕日《ゆうひ》

① うみにしずんでいく、夕日を見ました。

② オレンジいろにひかって、しずんでいきました。

③ とってもきれいで、かんどうしました。

ポイント

②の文は、①の文を読み返して続きの文になるようにします。

「花火を見にいった」⇒「きれいな花火が、たくさんあがった」のように、①の文の情報を詳しくした内容を書いていきます。

53

入口《いりぐち》

①おにいちゃんと、おばけやしきの入口にきました。

②こわくて、おにいちゃんにしがみつきました。

③「だいじょうぶだよ。」といってまもってくれました。

先生《せんせい》

①二年一くみの先生は、男の先生です。

②いつもは、とってもやさしい先生です。

③でも、けんかをすると、大ごえでしかります。

54

赤ちゃん《あかちゃん》

①わたしのいえに、赤ちゃんが生まれました。

②赤ちゃんは、女の子です。

③わたしは、いもうとができてうれしいです。

虫とり《むしとり》

①こうえんに、虫とりにいきました。

②アブラゼミが、ないているのを見つけました。

③つかまえようとすると、にげてしまいました。

ポイント

③の文は、「いもうとができてうれしいです。」のように、できるだけ自分の気持ちを入れた文にします。
②の文をさらに広げた文になってもかまいません。

解答

53～56

三文かん字さく文（二・三年生）⑤～⑧

55

汽車《きしゃ》

① 汽車が、けむりをはいて走るのを見ました。

② 「ポー」と、汽てきも鳴らしました。

③ ぼくは、汽車にのってみたいと思いました。

時計《とけい》

① 時計を見ると、時間は四時でした。

② 友だちとのやくそくをわすれていました。

③ 大いそぎで、公園に行きました。

56

公園《こうえん》

① ぼくの家の近くに、公園があります。

② 公園には、いろんなゆうぐがあります。

③ ゆうぐで、高おにをしてあそぶのがすきです。

電話《でんわ》

① 家の電話が、「リンリン」鳴っています。

② だれもいなかったので、ぼくが出ました。

③ 買いものに行った、お母さんからの電話でした。

ポイント

文を書いていると、「かいものにいったおかあさんからのでんわでした」のように漢字や句読点を正しく使えていないことがあります。書いている途中に修正するのではなく、書き終わった後に自分で気づくことが大切です。

57

日記《にっき》

① きのうのことを、日記に書きました。

② 友だちとあそんだことを書きました。

③ 野きゅうをして、楽しかったからです。

工場《こうじょう》

① 工場のえんとつから、けむりが出ています。

② この工場で、何を作っているのか知りません。

③ ぼくは、工場の見学をしてみたいです。

58

野原《のはら》

① 広い野原があります。

② 花がさいていて、気もちのいい風がふいています。

③ ここで、思い切り走り回ってあそびたいです。

教室《きょうしつ》

① 三年二組の教室は、三かいにあります。

② 毎日、この教室でべん強しています。

③ 今日は、五回手をあげてはっぴょうしました。

ポイント

子どもは、広い「野原」で走り回った経験があるでしょうか。イメージしにくいことばは、インターネットで画像検索をして、視覚的にイメージがもてるようにしましょう。

59

音楽《おんがく》

① 音楽の時間に、音楽会のれんしゅうをしました。

② ぼくは、リコーダーをふきます。

③ リズムを合わせるのが、むずかしかったです。

少年《しょうねん》

① この少年は、スポーツが大すきです。

② 少年野きゅうのチームに入っています。

③ ポジションは、ピッチャーです。

60

黒板《こくばん》

① 先生が、黒板に、新しいかん字を書いています。

② 画数が多くて、むずかしいかん字です。

③ ノートにきれいに書くのが、むずかしかったです。

遠足《えんそく》

① 明日は、春の遠足です。

② バスにのって、水ぞくかんに行きます。

③ どんな生きものが見られるか、とても楽しみです。

ポイント

「音楽」から文章が思い浮かびにくいときには、「音楽会・音楽室・音楽の時間・音楽の先生」など、関連するワードを示してみましょう。

61

家族《かぞく》

① わたしの家族は、四人家族です。

② お兄ちゃんは六年生で、サッカーがとくいです。

③ わたしの家族は、とてもなかよしです。

動物《どうぶつ》

① アフリカには、たくさんの動物がいます。

② ライオンやゾウや、キリンもいます。

③ ぼくは、アフリカに行ってチーターが見たいです。

漢字《かんじ》

① 四年生は、漢字をたくさん習います。

② 毎日、漢字を練習しています。

③ わたしは、漢字が上手に書けるようになりたいです。

62

図書館《としょかん》

① わたしは、図書館で本をさがすのが大すきです。

② 動物が出てくるお話がすきです。

③ わたしは、本をたくさん読んでみたいです。

写真《しゃしん》

① ぼくの家には、写真がたくさんあります。

② お父さんが、カメラがすきだからです。

③ ぼくも、いろんな写真をとってみたいです。

電柱《でんちゅう》

① 電柱は、発電所からの電気を運んでくれます。

② 電気は、生活をするのに大切なものです。

③ 電柱は、わたしたちのくらしを守っています。

ポイント

「電柱」はいつも目にしているものですが、何のためにあるのでしょう。
調べたり、考えたり、話し合ったりすることも、りっぱな作文の学習です。

63

太陽《たいよう》

① 今日は天気がよくて、太陽がまぶしいです。
② 太陽の光は、地球に大切なものをあたえてくれます。
③ わたしたちが、生活できるのは、太陽のおかげです。

荷物《にもつ》

① 旅行に行く荷物を、かばんに入れました。
② スーツケースとかばんが、いっぱいになりました。
③ 荷物は重いけれど、旅行は楽しみです。

旅行《りょこう》

① 家族で、旅行に行きました。
② いろんな所を、家族で見て回りました。
③ 楽しい思い出が、たくさんできました。

64

野球《やきゅう》

① プロ野球のゲームを見に、球場へ行きました。
② 大きな声を出して、おうえんしました。
③ おうえんしているチームが、勝ちました。

勉強《べんきょう》

① 中学生のお兄ちゃんが、がんばって勉強をしています。
② ぼくも、宿題をがんばっています。
③ 中学校の勉強は、むずかしそうです。

海岸《かいがん》

① 夏休みに海に行って、海岸で遊びました。
② すな山を作ったり、貝拾いをしたりしました。
③ せ中がやけて、ヒリヒリしました。

ポイント

「太陽・旅行・野球・勉強・海岸」これらは、音読み＋音読みの熟語です。
音読みは意味とつながりがないため、読みが覚えにくくなります。
熟語の読みも難しくなります。

65

信号《しんごう》

① 男の子が歩いていると、信号がありました。

② 青の歩行者信号が、点めつしています。

③ 男の子は、走ってわたろうかとまよいました。

④ やっぱり、あぶないと思って、次の青信号を待ちました。

飛行機《ひこうき》

① 飛行機が、空を飛んでいます。

② この飛行機は、北海道に向かっています。

③ 北海道は、天気が悪く、雪がふっています。

④ でも、北海道に着くころには、雪がやんで、無事着陸することができました。

66

友達《ともだち》

① わたしには、仲の良い友達がいます。

② 同じクラスで、いっしょに遊んだり、勉強したりします。

③ でも、この前、ささいなことでけんかをしてしまいました。

④ おたがいにあやまって、今では、元通りの仲良しです。

灯台《とうだい》

① 灯台の光が、回りながら、海を照らしています。

② 海を進む船は、灯台の明かりを目印にして進みます。

③ あらしが来て、船が波で大きくゆれました。

④ あらしがおさまるのを願いながら、灯台の光は回り続けます。

ポイント

５年生からは四文を書くワークです。
「起・承・転・結」を意識して四つの文をつなげていきます。
〈起〉では、指定された漢字・熟語を使って文を書いていきます。

67

花束《はなたば》

① お母さんが、お父さんから、大きな花束をもらいました。

② お父さんは、「いつもありがとう」と言ってわたしました。

③ 今日は、十五回目の結こん記念日だそうです。

④ お母さんは、とてもうれしそうでした。

包帯《ほうたい》

① ぼくは今、頭に包帯をまいています。

② 顔にもけがをしています。

③ 先週、自転車で転んだからです。

④ こっ折していなかったのが、不幸中の幸いです。

68

一輪車《いちりんしゃ》

① ピエロが、一輪車に乗ってつなわたりをしています。

② 手には、長いぼうを持っています。

③ と中で、バランスをくずしそうになりました。

④ でも、落ちないで、最後までわたりきりました。

給食《きゅうしょく》

① これから、楽しい給食の時間です。

② 今日は、ぼくの大好きなメニューです。

③ ふと見ると、となりの子の給食は大もりでした。

④ うらやましかったけれど、そのまま食べました。

ポイント

〈承〉では、絵をさらに詳しく表現したり、絵には描かれていない状況説明を入れたりします。

「お父さんから花束をもらう」⇒「『いつもありがとう』と言ってわたす」

69

貯金《ちょきん》

① ぼくは、コツコツと貯金をしています。

② お小づかいやお年玉を、貯金箱に入れています。

③ 貯まったら、ゲーム機を買いたいです。

④ もう少しで、目標の金がくになります。

牧場《ぼくじょう》

① 牧場で、牛が草を食べています。

② ここは、北海道の牧場です。

③ この牛たちが、牛にゅうを出してくれます。

④ しぼりたての牛にゅうは、あまくて、とてもおいしかったです。

70

銅像《どうぞう》

① 町の駅の前に、銅像が建っています。

② この銅像は、昔、町の発てんにつくした人だそうです。

③ この人は、町のみんなからそんけいされています。

④ ぼくも、大人になったら、人の役に立つ人になりたいです。

校舎《こうしゃ》

① ぼくの学校の校舎は、三階建てです。

② 六年生の教室は、三階にあります。

③ 三階のベランダから見る景色は、ながめがすばらしいです。

④ ぼくは、授業中、外ばかり見ていたので注意されました。

ポイント

〈転〉には、これまでの流れを展開できるように、意外性のある文や場面転換するような文を書きます。

「コツコツと貯金をしている」⇒「貯まったら、ゲーム機を買う」

71

職員室《しょくいんしつ》

① 休み時間に、プリントを持って職員室に行きました。
② わたしは日直で、プリントを集める係です。
③ 職員室ではたくさんの先生が、いそがしそうにしていました。
④ 先生の休み時間は、いつなのかなと思いました。

授業《じゅぎょう》

① 六年一組の先生の授業はとてもおもしろいです。
② 国語の時間に、「宮沢《みやざわ》賢治《けんじ》」の話をしてくれました。
③ わたしは、「宮沢《みやざわ》賢治《けんじ》」の作品が大好きです。
④ 中でも、「注文の多い料理店」が一番好きです。

72

事故《じこ》

① 信号待ちをしている時に、目の前で事故がありました。
② 右折の車と、直進の車がぶつかりました。
③ ものすごく大きな音がしました。
④ びっくりしましたが、けが人はいませんでした。

祖母《そぼ》

① 祖母が、ぼくの家に遊びに来てくれました。
② 祖母の家は遠いので、久しぶりです。
③ 祖母といっしょに、買物に行きました。
④ 祖母は、おいしい料理をたくさん作ってくれました。

ポイント

〈結〉では、展開した結果をまとめる文を書きます。

「目の前で事故があった」⇒「びっくりしたが、けが人はいなかった」

このように〈起〉で始まり〈結〉でまとまると、つながった文になります。

73

危険《きけん》

①道路に飛び出すと危険です。

②男の子が、ボールを追いかけて、道路に飛び出してしまいました。

③車の運転手さんが、急ブレーキをかけました。

④車はギリギリで停まって、男の子は無事でした。

武士《ぶし》

①昔の武士は、刀をこしに差していました。

②頭には、ちょんまげを結っていました。

③戦があると、よろいかぶとを身につけて戦いました。

④命をかけた、大変な役目だと思いました。

74

犯人《はんにん》

①金庫からお金をぬすんだ犯人がつかまりました。

②防犯カメラに顔がうつっていたからです。

③犯人は、もう二度としないと反省しています。

④人に迷わくをかけるのは、絶対いけないと思いました。

綿毛《わたげ》

①タンポポの綿毛が、春風にふかれて飛んでいきます。

②ふわふわと風にまう綿毛は、とてもきれいです。

③綿毛は、タンポポの種子を運んでいきます。

④来年、また別の場所で、きれいな花をさかせてくれるでしょう。

ポイント

高学年になると熟語の意味も難しくなってきます。

「武士」で文章を書くためには、「武をもって主君に仕え、いくさに出て戦う人」というような社会科的な知識が必要です。

おわりに

「通常の学級でやさしい学び支援」シリーズの1巻『読み書きが苦手な子どもへの〈基礎〉トレーニングワーク』を出版してから、丁度十年がたちました。当時は「特別支援教育」が始まったばかりで、みんな手探りで教室の中にいる学習面や行動面でつまずきのある子どもたちの支援を考えていたように思います。十年たった現在、「特別支援教育」は当たり前の教育になりつつあり、教室での個別支援や環境整備、合理的配慮が行われるようになってきました。

このシリーズがターゲットにしている子ども、「読み書きが苦手な子ども」は、日本語の読み書きにつまずく子どもたちです。読み書きのつまずきの現れは、その国で使われている言語と大きく関係します。英語圏では、読み書きのつまずきがある「ディスレクシア」の発生が10～15%あると言われています。日本語の読み書きのつまずきは、それより少ないと言われていますが、日本語は日本語独自の読み書きの難しさがあるため、困っている子どもも多いと感じています。

日本語の読み書き指導の難しさは、つまずきが見えにくいことが一因と考えています。気づきが遅れたために、適切な支援が受けられず自信を失ってしまう。苦手さがあるのに過剰な漢字練習を課せられ、学習意欲を失ってしまう。「特別支援教育」が進んだ現在でも、「読み書きが苦手な子ども」に適切な支援が行き渡っていない状況もあります。

この『読み書きが苦手な子どもへの〈作文〉支援ワーク』は読み書きの集大成である「作文」のワークプリントです。苦手な子どもにすぐに取り組ませるにはハードルが高いワークです。本シリーズの『〈基礎〉トレーニングワーク』や『〈つまずき〉支援ワーク』でかな文字の力をつけ、『〈漢字〉支援ワーク』で漢字に自信をもった子どもが、さらなるステップアップを目指して取り組んでくれることを願っています。作文が「かんたん」で「おもしろい」と思えるように活用していただけたら幸いです。

1巻から続けて監修いただいた竹田契一先生には、長年ご指導・ご教授いただいたことと合わせて感謝の意を表します。

編集にかかわっていただいた明治図書出版の佐藤智恵さん、なかなか筆の進まないわたしに、根気強くアドバイスいただいたことで『〈作文〉支援ワーク』が完成に至りました。本当にありがとうございます。

そして、今まで出会ってきた子どもたちみんなに「ありがとう!」

著者　村井 敏宏

【監修者】

竹田　契一（たけだ　けいいち）

大阪教育大学名誉教授、大阪医科大学LDセンター顧問

HP　http://www.schoolweb.ne.jp/weblog/index.php?id=2770001

〈主要著作〉

『インリアル・アプローチ―子どもとの豊かなコミュニケーションを築く―』日本文化科学社、1994年

『実践インリアル・アプローチ事例集―豊かなコミュニケーションのために―』日本文化科学社、2005年

『図説LD児の言語・コミュニケーション障害の理解と指導』日本文化科学社、2007年

『高機能広汎性発達障害の教育的支援』明治図書、2008年

『乳・幼児期の気づきから始まる安心支援ガイド　発達障害CHECK & DO』明治図書、2010年

【著者】

村井　敏宏（むらい　としひろ）

青丹学園発達・教育支援センター、S.E.N.S（特別支援教育士）スーパーバイザー、言語聴覚士、日本LD学会会員、日本INREAL研究会事務局

〈著書〉

『読み書きが苦手な子どもへの〈基礎〉トレーニングワーク』明治図書、2010年

『読み書きが苦手な子どもへの〈つまずき〉支援ワーク』明治図書、2010年

『読み書きが苦手な子どもへの〈漢字〉支援ワーク　1～3年編』明治図書、2011年

『読み書きが苦手な子どもへの〈漢字〉支援ワーク　4～6年編』明治図書、2011年

『誤り分析で始める！学びにくい子への「国語・算数」つまずきサポート』明治図書、2015年

【イラスト】 岸本祐子　　**【表紙デザイン】** ㈲ケイデザイン

通常の学級でやさしい学び支援

読み書きが苦手な子どもへの〈作文〉支援ワーク

2020年4月初版第1刷刊　監修者　竹田契一

2024年1月初版第5刷刊　©著者　村井敏宏

発行者　藤原光政

発行所　明治図書出版株式会社

http://www.meijitosho.co.jp

（企画）佐藤智恵（校正）nojico

〒114-0023　東京都北区滝野川7-46-1

振替00160-5-151318　電話03(5907)6703

ご注文窓口　電話03(5907)6668

＊検印省略　組版所　株式会社木元省美堂

ISBN978-4-18-073523-5